서비스 종업원의
직무만족이
종업원의
고객지향성에
미치는 영향에 관한 연구

서비스 종업원의 직무만족이 종업원의 고객지향성에 미치는 영향에 관한 연구

조성암 지음

한국학술정보㈜

사랑하는 부모님과 장모님, 그리고 집사람 이용숙에게
저의 석사학위 논문을 바칩니다

【국문요약】

고객의 다양한 필요와 욕구를 충족시키기 위하여 기업은 기존의 경영방식을 탈피하여 타기업과 차별화를 시도하여 자사의 고객들에게 차별화된 만족을 지속적으로 부여함으로써 경쟁우위를 창출하여야 한다. 기업들은 경쟁우위를 위하여 자사의 고객들에게 차별화된 만족을 부여함으로써 만족한 고객들로부터 이윤을 획득하고자 하는 일환으로 마케팅 컨셉에 접근하게 되었다. 그러나 이러한 마케팅 컨셉은 매우 추상적이기 때문에 실질적인 경영가치를 나타내는 데에 한계가 있음이 지적되어 왔다.

이를 극복하기 위한 마케팅 컨셉의 실천방안지침으로 시장지향성 개념이 대두되었다. 그러나 시장지향성도 대부분의 선행연구에서와 같이 기업 수준의 시장지향성과 종업원 개인 수준의 고객지향성을 같은 의미로 본다는 데 문제점이 있다.

이러한 문제점이 발생하는 이유는 첫째로 시장과 고객을 같은 의미로 해석하고자 하는 마케팅의 기본적인 시각 때문이고, 둘째로 종업원 개인 수준의 고객지향성이 기업 수준의 시장지향성 속에 의미적으로 포함되어 있다는 맥락으로 시장지향성과 고객지향성을 같은 의미로 해석하였기 때문이고 셋째로 고객지향성을 분석하는 데 있어서 사용한 척도상의 문제가 있었기 때문이다.

본 연구에서는 위에서 간략하게 언급한 내용의 한계점을 고려하여 첫째로 기업 수준의 시장지향성과 종업원 수준의 고객지향성과의 혼용된 개념을 구분하여 선행연구들이 지적할 수 없었던 개념적 의미를 지적하였다.

둘째로 종업원 수준의 고객지향성 개념을 도입하여 연구를 수행하는 데 있어서 나타난 문제점을 극복하기 위하여 기존의 연구들이 대부분이 거래지향적인(SOCO: Selling Orientation Customer Orientation) 척도를 사용하였지만, 본 연구에서는 서비스 마케팅 측면에서 사용되고 있는 SERVQUAL척도를 사용하여 종업원의 고객지향성이 몇 개의 요인(차원)으로 존재하는지 탐색적으로 연구하여 공감성 차원과 유형성 차원이 존재함을 밝혔다.

본 연구에서 도출된 가설의 검증결과는 아래와 같다.

H1: "서비스 종업원의 역할 갈등은 서비스 종업원의 직무만족에 부정적인 영향을 미칠 것이다."라는 연구가설은 채택되지 못하였다.

H2: "서비스 종업원의 역할 모호성은 서비스 종업원의 직무만족에 부정적인 영향을 미칠 것이다."라는 연구가설은 채택되지 못하였다.

H3: "서비스 종업원의 직무기간이 길수록 서비스 종업원의 직무만족에 긍정적인 영향을 미칠 것이다."라는 연구가설은 채택되지 못하였다.

H4: "서비스 종업원의 직무만족은 종업원의 고객지향성에 영향을 미칠 것이다."라는 연구가설은 채택되었다.

서비스 기업의 경영자는 일선 종업원을 대상으로 지속적인 내부 마케팅을 실시하여 직무에 만족할 수 있게끔 해야 한다.

【목　차】

제 1장

서 론

제1절 문제제기

1990년대를 기준으로 '고객만족운동'이 주된 흐름으로 진행되어 오고 있다. ○○경제연구소가 조사한 바에 의하면 대기업의 54% 정도가 '고객만족운동'이라는 슬로건하에 사내 경영혁신 활동을 전개한 경험을 가지고 있다고 한다. 이러한 현상은 최근의 기업들이 거래지향적 마케팅 전략 중심에서 벗어나 보다 근본적인 마케팅 컨셉으로 회귀하고 있음을 의미하는 것이다. 즉 고객지향과 혁신을 기업의 경영기획 및 전략의 핵심으로 책정하고 있다는 것이다.

고객만족의 중요성은 제품이나 서비스의 재구매 및 구전효과(Word Of Mouth Effect)의 근원에서도 찾을 수 있다. 즉 고객이 제품이나 서비스를 구매하여 사용한 후 만족을 느낀 경우는 계속해서 재구매를 통하여 단골고객1)이 될 뿐만 아니라 주변 고객들에게 해당 제품

---

1) (서비스) 기업은 고객과 우호적인 관계를 위해 꾸준한 노력을 통하여 용의자(suspect: 잠재적인 고객이 될 수 있는 가능성이 있는 고객)의 단계에 있는 고객을 점차 잠재고객(prospect: 제품 및 서비스에 대해 들어본 적은 있지만 구매해본 일은 없는 고객), 시험구매자(trial buyers: 시험삼아 자사의 제품 및 서비스를 구매한 고객), 반복구매자(repeat buyers: 자사의 제품 및 서비스를 다시 구입함으로써 마케터에게 신뢰를 보이기 시작하는 고객), 단골고객(client: 타사의 제품 및 서비스를 구매하지 않고 자사의 제품 및 서비스를 구매하는 고객)의 단계를 거쳐 지지자(advocate:

이나 서비스를 긍정적으로 구전하여 신규고객을 창출하게 한다. 역으로 불만을 느낀 고객은 제품이나 서비스를 재구매하지 않을 뿐만 아니라 주변 고객들에게 해당 제품이나 서비스를 부정적으로 구전하여 잠재고객까지 잃게 하고, (서비스) 기업의 부정적 이미지를 구전하는 부정적 고객(negative customer)의 역할을 수행하게 된다. 따라서 고객지향적 기업은 장기적인 이익의 확보 차원에서의 매출, 이익 등과 더불어 고객만족을 기업 경영의 성과 지표로 기준을 설정하고 있다.

통상 고객들은 제품이나 서비스를 구매할 때 기업 전체를 대상으로 상대하는 것이 아니라 기업을 대표하여 기업의 이미지를 구축하는 일선 종업원[2]과 접촉[3]하게 된다. Crosby, Evans and Cowles(1990)는

주변고객에게 특정 (서비스) 기업의 제품 및 서비스를 권유하는 고객)의 상태로까지 끌어올릴 수 있도록 노력하여야 함을 강조하고 있다. 박찬욱, 「데이터베이스 마케팅」(서울: 연암사, 2000), 19-20면 각주 18번 내용 재인용.

2) 본 연구(서비스 종업원의 직무만족이 종업원의 고객지향성에 미치는 영향)에서는 종업원과 판매원의 개념을 동일한 개념으로 간주하여 문맥의 흐름에 맞게끔 혼용하여 사용하였다.

3) 서비스가 갖는 (무형)제품 특성에 주목하여 서비스 질(Quality)의 중요한 결정요소의 하나로서 고객과 일선 종업원 간의 상호작용(접촉)이 있는데, 이러한 상호작용은 통상 서비스 인카운터(Service Encounter)라는 제반환경과 관련이 있다. 서비스 인카운터는 진실의 순간(Moment Of Truth)을 의미한다. 이러한 진실의 순간은 고객에게 잊혀지지 않는 강렬한 첫인상이 될 수 있기 때문에 매우 중요하다. Shostack(1977)은 서비스 인카운터를 "고객이 서비스와 직접적으로 상호작용하는 동안의 시간적 주기"라고 정의하였으며, Surprenant & Solomon(1985, 1987)은 서비스 인카운터를 "고객과 서비스 제공자(전달자) 간의 이원적(dyadic) 상호작용"이라고 정의하였다. 서비스 인카운터는 고객과 일선 종업원의 대면접촉을 기본으로 한다. 그러나 좀더 넓은 측면에서 조망할 수도 있다. 이를테면 고객들의 편의를 위하여 은행은 고객들로 하여금 인터넷으로 고객들 스스로 카드관리를 할 수 있게 하고, 자동입출금(ATM) 등을 통하여 고객 스스로 현금을 관리할 수 있게 은행이 서비스를 제공하고 있다. 좀더 자세한

14

기업의 판매원과 고객과의 관계에 관한 연구에서 "고객에게 있어서 판매원은 곧 기업이다."라고 표현하고 있는데 이는 기업을 대표하여 최일선(front line)에서 고객과 접촉하는 일선 종업원의 역할성을 강조한 것이다.

일선 종업원의 역할성을 중요한 요인으로 간파한 미국 기업의 경우 인적 판매에 매년 US $ 1,400억 원을 지출하고 있으며, 이는 다른 어떤 판매촉진수단에 지출된 액수보다 많은 양이다(Kotler, 1994). 따라서 인적 판매를 위한 판매원의 효과적 관리는 기업의 성장과 수익성에 영향을 미치고 있는 것으로 보인다. 특히 고객의 입장에서 볼 때, 고객들이 특정 제품이나 서비스를 구매하게 될 때 상대하는 것은 기업 전체가 아니라 일선 부서인 영업 및 사후(After) 서비스 종업원들과 접촉하게 된다.

이러한 측면에서 다른 촉진수단과는 달리 인적 판매상황하에서의 판매원이 중요한 이유는 판매원이 고객을 직접 접촉하기 때문에 고객과의 의사소통이 가능하다. 따라서 판매원은 고객특성과 상황특성에 따라 신축적이고 효과적으로 자사의 제품 및 서비스를 제시할 수 있다.

그러므로 기업의 입장에서 이러한 판매원의 행위는 경쟁사들로부터 자사를 차별화할 수 있는 주요한 요소 중의 하나가 될 수 있다. 서비스 종업원은 고객지향성의 당사자인 고객과 직접 접촉하는 기업의 구성원이기 때문에 서비스 종업원들의 고객지향성은 기업의 고객지향성(즉 시장지향성)과 직결된다고 볼 수 있다. 즉 서비스 종업원의 고

내용은 Bitner, "Servicescape: The Impact of Physical Surroundings on Customers and Employees", *Journal of Marketing*, Vol.56, 1992(April), pp.57−71, Bitner, and Mattew L. Meuter, "Technology Infusion in Service Encounters", *Journal of the Academy of Marketing Science*, Vol.28(1), 2000, pp.138−149.를 참조할 것.

객지향성은 서비스 기업에 있어서 매우 중요한 것임을 의미한다.

서비스 기업에서 소·다수의 일선 종업원들이 고객과 직접 대면하면서 서비스 생산 및 판매활동을 벌이고 있다. 그러므로 서비스 기업의 경영자는 서비스 기업의 견해 및 비전을 최종 고객에게 판매하기이전에 현장에서 일하는 종업원에게 먼저 판매할 필요가 있는 것이다.

일반적으로 대다수의 기업은 두 종류의 고객을 가지고 있는 셈이다. 하나는 통상적 의미에서의 고객으로 외부고객(customer)을 말하고, 다른 하나는 기업의 종업원인 내부고객(employee)이다. 고객만족을 위해서 대부분의 기업은 외부고객을 만족시키기 위해 최선을 다해왔다. 그러나 외부고객을 만족시킬 수 있는 내부고객의 만족에 대해서는 기업이 간과하고 있었다.

서비스 기업은 외부고객에게 제품이나 서비스를 판매하고, 내부고객에게는 내부제품으로써 업무와 관련한 제반환경을 판매하는데 통상우리는 이것을 내부 마케팅이라 한다. 즉 내부 마케팅이란 종업원을고객으로 보고 더 많은 성과를 내도록 만족할 수 있는 업무와 관련된 직·간접적 제반환경을 형성하는 것이다. 따라서 서비스 기업은 고객만족을 위한 고객지향성(즉 시장지향성)을 실천하기에 앞서 내부마케팅을 먼저 실천해야 한다. 즉 내부 마케팅은 서비스 기업이 외부고객을 만족시키기 전에 조직 내부의 종업원을 최초의 고객으로 보고 그들에게 양질의 서비스 정신이나 고객에 대한 고객지향적 사고를심어주는 것으로서, 이러한 내부 마케팅은 또 다른 마케팅으로 매우중요하다. 만약 종업원이 자사가 제공하는 서비스 질이나 종업원 스스로가 자신이 고객에게 대면하고 있는 태도4)나 역할행동에 대해서

---

4) 태도란 특정 대상에 대하여 호의적 또는 비호의적으로 일관성 있게 반응하려는 후천적으로 체득된 선편향이다. 홍성태, 「소비자 심리의 이해」

16

중요하다고 생각하지 않고 있다면 고객에게 성심 성의껏 봉사하려는 마음은 생기지 않을 것이다. 이는 곧 기업의 실패로 연결될 수도 있는 것이다.

내부 마케팅이 점차 중요해지고 있는 또 다른 이유는 오늘날 치열해지고 있는 경쟁으로 인해 기업 내 인적 자원의 중요성이 다시 증가하고 있기 때문이다. 즉 한창 잘나가던 산업화 시대에서 서비스 경제로의 이행이 일어나고 있음과 동시에 제조업 사고방식에서 서비스 'Know How' 중심으로 바뀌고 있기 때문이다.

현재 거의 모든 산업에 걸쳐 서비스가 중요해짐에 따라 기업의 중요한 강점이 원재료, 생산기술, 제품 그 자체가 아니라 잘 훈련된 서비스 지향적 종업원으로 추세가 바뀌어 가고 있다. 단 한 명의 고객에게 서비스를 제공하는 데에도 많은 종업원들이 직·간접적으로 참여하게 되는데 이들 종업원의 서비스 전달 기술, 고객지향성, 서비스 정신은 고객이 느끼게 되는 서비스 질에 결정적인 역할을 한다. 기업의 내부 마케팅은 내부 시장인 종업원들의 서비스 정신과 고객지향적 사고를 마케팅적 접근을 통해 적극적으로 고무시킬 수 있다. 내부 마케팅과 관련된 다양한 활동들 자체가 전적으로 새로운 것은 아니다. 많은 활동들이 오랫동안 기업 등에서 사용되었다. 그러나 내부 마케팅은 이러한 다양한 활동들을 훨씬 더 체계적이고 전략적인 방법으로 관리하여 한 방향으로 모일 수 있도록 한다.

체계적이고 전략적인 방법으로 종업원을 효율적으로 관리하기 위한 내부 마케팅은 두 가지 측면으로 구분하여 볼 수 있다.

첫째로 태도관리이다. 태도관리는 종업원들의 태도와 고객지향적 서비스에 대한 동기를 관리하는 것이다. 이는 경쟁우위를 확보하기 위

(서울: 나남출판, 1999), 144면.

해 적극적으로 서비스 전략을 추구하는 기업에게 있어서 중요한 부문이다. 적극적으로 종업원의 사고방식을 관리하는 기업은 단순히 기존 상황에 적응하기보다는 미래를 바람직한 방향으로 구현할 수 있게 된다.

둘째로 의사소통관리이다. 의사소통관리는 경영자, 일선 종업원, 지원부서 등이 내부·외부고객에게 서비스를 제공할 수 있도록 정보를 교환하는 것이다. 모든 종업원들이 업무과정, 제품이나 서비스의 특징, 광고나 종업원이 제시한 약속 등에 대해서 알고 있어야 한다. 그리고 (종업원) 자신들의 필요(Needs)와 욕구(Wants),[5] 그리고 실적

---

[5] 이학식·현용진은 Needs와 Wants의 용어(Term)를 다음과 같이 설명하고 있다. 사람들은 누구나 의·식·주를 포함하여 생활에 필요한 여러 가지 제품이나 서비스에 대한 욕구(Needs와 Wants)를 가진다. 욕구는 근본적 욕구(Fundamental Needs)와 구체적 욕구(Specific Wants)로 구분될 수 있다. 근본적 욕구(Fundamental Needs)는 사람들이 살아가면서 필요한 음식, 의복, 가옥, 존경, 안전, 편안함 등을 본원적(Generic)이고 근본적인 대상에 대한 욕구를 말한다. 구체적 욕구(Specific Wants)는 근본적 욕구를 실현시킬 수 있는 수단에 대한 욕구이다. 이학식·현용진, 「마케팅」(서울: 법문사, 1999), 9면; 박강수 외 2인은 Needs와 Wants의 용어(Term)를 다음과 같이 설명하고 있다. 욕구(Needs)는 박탈감을 느끼고 있는 상태를 말하고, 이러한 욕구들은 복잡한 욕구들을 가지고 있다. 필요(Wants)란 문화와 개인의 개성에 의하여 변형된 욕구(Needs)의 한 가지 형태이다. 박강수·김형순·김영태, 「호텔·외식·관광 마케팅」(서울: 도서출판 석정, 2000), 9-10면 수정, 여운승은 Needs와 Wants의 용어(Term)를 다음과 같이 설명하고 있다. 인간이 태어날 때부터 지니고 있는 충족감을 느끼는 상태를 욕구(Needs)로, 욕구(Needs)를 구체적으로 충족시켜 주는 것을 욕망(Wants)으로 설명하고 있다. 여운승, 「마케팅관리」(서울: 민영사, 1995), 8면. 대다수의 마케팅 서적과 소비자행동론 서적에서 필요(Needs)와 욕구(Wants)의 용어(Term)를 서로 다르게 사용하고 있으나 용어가 사용하고 있는 의미는 비슷하다. 본 논문에서는 필요와 욕구에 관한 혼란방지를 현용진과 이학식이 사용한 용어로 근본적 욕구(Fundamental Needs)를 필요(Needs)로, 구체적 욕구(Specific Wants)를 욕구(Wants)로 수정하여 사용하였으며 또한 필요(Needs)와 욕구(Wants)를 개별적으로 구분하는 데 여러 가지 난점이 있어서, 필요(Needs) 속에

을 개선시키는 방안에 대한 견해, 고객의 필요와 욕구에 대한 지식 등을 다른 구성원에게 알려주어야 한다. 두 가지 측면의 내부 마케팅이 성공하기 위해서는 종업원 개개인이 직무에 만족하고 있어야 한다.

마케팅에 대한 기존의 견해 즉 거래 지향적 개념으로서 마케팅이란 기업의 외부고객 또는 사외의 고객에 대한 활동만을 의미하는 것이었다. 그러나 최근에는 종래의 마케팅 개념을 포함하여 사내 고객 즉 서비스 기업의 일선 현장 종업원들을 대상으로 하는 내부 지향적 마케팅 활동도 매우 중요시되고 있다. 내부 마케팅에서 특히 서비스 기업들은 기업의 고객지향성(즉 시장지향성)을 실천하기 위해서 내부고객에게 동기부여 하는 데 초점을 두고 있는데, 이는 일선 종업원들의 필요와 욕구를 먼저 충족시켜야 고객만족을 유도할 수 있다는 너무나 당연한 사고를 기초로 하고 있는 것이다. 종업원에 대한 동기부여는 인사 및 조직이론에서 취급되어 왔으나 그 배경은 제조업의 생산과정에서의 원가절감 및 능률성 향상에 기초를 두고 있다. 이러한 관점에서 기업의 종업원에 대한 내부 마케팅은 기업이 실천하고자 하는 고객지향적 사고에서 종업원들을 내부 마케팅의 일차적인 대상으로 바라보기 때문에 마케팅과 조직론의 접점이라고 볼 수 있다. 따라서 고객지향성(즉 종업원의 진정한 고객지향성을 바라는 기업 수준의 시장지향성)을 위해서 서비스 기업의 경영자들은 서비스 종업원들이 고객을 향하여 성심성의껏 봉사할 수 있도록 서비스 종업원들에게 직무만족 할 수 있게끔 최선을 다해야 한다. 이는 곧 종업원들의 직무만족으로 인해서 고객지향성이 향상되어 기업이 바라는 시장지향성과 직결될 수 있기 때문에 매우 중요한 의미를 갖는다고 할 수 있다. 그러나 실제적으로 직무만족과 연관한 내부고객만

구체적인 욕구(Wants)가 가미되어 있다고 가정하였다.

족이 고객지향성에 어떠한 영향을 주는지에 대한 연구가 활발히 이루어지고 있지 않다. 또한 고객지향성에 관한 연구가 있을지라도 거래지향적 마케팅 개념에 입각한 나머지 종업원 개인 수준의 고객대면접촉문화로써 서비스 정신이 가미된 고객지향성에 대한 연구는 전무하다고 할 수 있다.

앞에서 간단하게 살펴보았지만 기업은 장기적인 이익 확보 및 고객만족을 위하여 (추상적인) 마케팅 컨셉의 (구체적인) 실천방안지침으로 시장지향성 개념을 도입하여 고객만족을 실천해왔다. 그러나 마케팅 컨셉의 구체적인 실천지침으로서의 시장지향성 개념 또한 기업경영의 성과지표 즉, 기업의 실질적인 가치를 나타내는 데는 한계점을 야기하고 있다. 왜냐하면 기업의 조직문화 수준으로서의 시장지향성 개념과 고객대면접촉 문화 수준으로서의 종업원 개인 수준의 고객지향성 개념을 혼용하고 있기 때문이다.

제2절 연구목적

한 국가의 경쟁상황이 무한경쟁으로 급변화함으로 인하여 기업 간의 서비스 경쟁도 매우 치열해지고 있다. 이는 어떤 의미에서 고객의 다양한 필요와 욕구가 커지고 있음을 반영하는 것이다.

고객의 다양한 필요와 욕구를 충족시키기 위하여 기업은 기존의 경영방식을 탈피하여 타 기업과 차별화를 시도하여 자사의 고객들에게 차별화된 만족을 지속적으로 부여함으로써 경쟁우위를 창출하여야 한다. 기업들은 경쟁우위를 위하여 자사의 고객들에게 차별화된 만족을 부여함으로써 만족한 고객들로부터 이윤을 획득하고자 하는 일환으로 마케팅 컨셉에 접근하게 되었다. 그러나 이러한 마케팅 컨셉은 매우 추상적이기 때문에 실질적인 경영가치를 나타내는 데에 한계가 있음이 지적되어 왔다(Kohli & Jaworski, 1990). 이로 인하여 마케팅 컨셉의 실천방안지침으로 시장지향성 개념이 대두되었다. 그러나 제3장에서 자세히 언급하겠지만, 시장지향성도 대부분의 선행연구에서와 같이 기업 수준의 시장지향성과 종업원 개인 수준의 고객지향성을 같은 의미로 본다는 데 문제점이 있다.

이러한 문제점이 발생하는 이유로 첫째로 시장과 고객을 같은 의미로 해석하고자 하는 마케팅의 기본적인 시각 때문이고, 둘째로 종업원 개인 수준의 고객지향성이 기업 수준의 시장지향성 속에 의미적으로 포함되어 있다는 맥락으로 시장지향성과 고객지향성을 같은 의미로 해석하였기 때문이다.

실질적으로 시장지향성은 기업의 조직문화에 가깝기에 시장지향성 그 자체만으로 고객만족을 이끌어 낼 수는 없는 것이다. 고객만족을 이끌어 내는 핵심 주역은 종업원의 고객지향성과 관련한 역할성에 있다고 보아야 할 것이다. 왜냐하면 고객과 일 대 일 대면(One To One Face)하는 매개체는 일선 종업원들이기 때문이다. 기업의 고객만족제도와 관련한 제반환경이 아무리 잘 구비되고 제도화되어 있다 하더라도 외부고객만족을 위한 종업원의 노력과 의지가 없다면, 기업의 시장지향성은 아무런 의미가 없다고 할 수 있다. 따라서 기업의 시장지향성이 성공하기 위해서는 맨 먼저 고객에 대한 서비스 종

업원의 내부 마케팅이 먼저 선행되어야 하며, 내부 마케팅으로 인해
직무만족을 느낀 종업원으로 인해서 고객만족을 향한 종업원의 고객
지향성이 비로소 실행될 수 있는 것이다.

일선 종업원들의 고객지향성이 중요한 이유는 종업원은 기업의 제
품이나 서비스의 장·단점을 제대로 파악하고 있기 때문에 고객만족
을 유도할 수 있는 힘을 가지고 있기 때문이다. 구체적으로 고객은
대체로 기업을 상대로 첫 대면을 하지 않고 기업의 일선 종업원과
첫 대면을 하게 되는데 이때 일선 종업원의 태도와 행동은 매우 중
요하다. 종업원의 태도와 행동 여부에 따라 고객은 애호 고객(loyal
customer)이 되기도 하고, 영원히 돌아오지 않는 고객이 될 수도 있다.

고객지향성은 종업원 개인 수준에서의 마케팅 컨셉의 구체적인 실
천이다. 사회교환이론(Social Exchange Theory)[6]이나 분위기(mood)에
대한 심리학 연구를 토대로 볼 때, 기업의 직무에 만족한 종업원은
고객과의 접촉 시 고객지향적인 태도와 행동을 통하여 고객만족을
창출하고 기업성과를 향상시키게 된다.

1980년대 이후로 마케팅 분야에서는 고객만족에 대한 연구가 활발
히 진행되어 왔고, 고객만족에 대한 결정요인(선행변수), 고객만족의

---

6) 사회교환이론에 따르면 사람들이 서로 상호작용을 할 때에는 언제나 어
떤 손실이 있기 마련이고 어떤 보상이 초래된다고 한다. 즉 어느 한 사
람이 수혜를 받았을 경우 수혜를 베풀려 하는 경향이 있다는 것이다. 따
라서 직무에 만족한 종업원은 기업에게 혜택(Benefit)받은 만큼 고객에게
수혜(Benefit)를 베풀려고 할 것이다. 이훈구, 「사회심리학」(서울: 법문사,
1998), 183면 수정·보완, 일선 종업원들은 고객지향적인 행동을 통하여
내적·외적인 보상을 받게 된다고 가정할 수 있다. 또한 이러한 보상은
종업원 만족을 가져오게 된다. 고객지향적인 행동과 보상을 통한 만족과
의 관계를 경험한 일선 종업원들은 지속적으로 고객지향적인 행동을 통
하여 보상(혜택)을 얻으려고 한다. Hoffman, K. Douglas & Thomas N.
Ingram, "Service provider Job Satisfaction and Customer Oriented
Performance", Journal of Service Marketing, Vol.6(spring), 1992, pp.68-78.

과정, 고객만족의 결과변수에 대한 연구 모델 제시와 실증연구가 진행되어 왔다. 그러나 최근 내부 마케팅의 도입에 따라 종업원의 만족 없이 고객만족도 없다는 주장이 제기되고 있다. 즉 고객만족을 위해서는 제품의 품질, 가격 등 외부 마케팅을 고객지향적으로 하는 것도 중요하지만, 외부고객과 직접 접촉하는 일선 종업원들을 만족시켜 이들이 고객과 교감하여 가지는 상호관계의 질을 높이는 것이 무엇보다도 중요한 것이다. 조직에 만족하지 않은 종업원이 고객과 접촉하였을 때, 만족한 서비스를 제공할지 또는 고객과의 장기적인 관계향상에 대해서도 미지수에 남아 있게 된다. 따라서 종업원 만족을 통하여 고객과의 상호관계의 질을 높이는 것이 외부고객만족에 중대한 영향을 미친다고 할 수 있다.

본 연구의 목적을 구체적으로 살펴보면 다음과 같다.

첫째로 기업 수준의 시장지향성과 종업원 수준의 고객지향성과의 혼용된 개념을 구분하여 선행연구들이 지적할 수 없었던 개념적 의미를 찾아보고자 한다.

둘째로 종업원의 직무만족과 관련한 시장지향성 하부개념으로서의 고객지향성 혹은 기업 수준의 고객지향성, 그리고 고객지향성과 시장지향성을 동일 개념으로 본 연구는 대체로 거래지향적인(SOCO: Selling Orientation Customer Orientation) 척도를 사용하여 단일 차원으로써 종업원의 고객지향성을 분석하였기 때문에 어느 정도의 한계점이 있다.

따라서 거래지향적인 척도를 대신하여 서비스 마케팅 측면에서 SERVQUAL 척도를 사용하였을 경우, 종업원의 고객지향성이 몇 개의 요인으로 존재하는지 탐색적으로 연구하여 고객지향성의 새로운 시각을 제시하고자 한다.

셋째로 연구 모형과 실증 연구를 토대로 서비스 기업의 마케팅 관리 시사점을 도출하여 종업원 수준의 고객지향성의 방향을 제시하는 것이 본 연구의 목적이다.

제3절 연구방법

본 연구는 탐색적 연구인 문헌고찰과 설문지를 바탕으로 한 실증적 연구로 구성되어 있다.

문헌연구는 직무만족에 대한 선행연구와 고객지향성에 관한 선행연구로 구성되어 있다. 후자의 고객지향성에 관한 선행연구에서는 동일한 개념으로 다루어졌던 기업의 조직문화 수준의 시장지향성과 종업원 개인 수준의 고객지향성을 개념을 분리하고자 기존 연구의 고찰을 통해 각각의 개념을 비교적인 시각에서 간략히 살펴볼 것이고, 또한 판매관리 문헌의 검토를 통해 서비스 종업원의 고객지향성의 중요성을 인식하여 서비스 종업원의 직무만족에 영향을 주는 변수를 살펴봄으로써 기초 가설을 도출할 것이다.

기초가설을 중심으로 하여 고객지향성을 측정하기 위해 기존의 판매관리 문헌에서 판매원들의 고객지향성을 측정하기 위해 사용하던 SOCO(Selling Orientation Customer Orientation)척도를 사용하기보다는 차원성을 가진 SERVQUAL 척도를 사용할 것이다.

　본 연구는 종업원 개인 수준의 고객지향성에 영향을 미치는 직무만족의 선행변수를 도출하여 그 선행변수가 직무만족과 관련이 있는지 살펴보는 것이기 때문에, 연구의 대상은 혼잡한 서비스 생산, 전달환경에서 근무하는 서비스 일선 종업원(판매원)이다. 따라서 서비스 일선 종업원(판매원)으로부터 대면접촉하여 회수한 설문지를 바탕으로 해서 서비스 종업원의 직무만족이 종업원의 고객지향성에 어떠한 영향을 미치는지 SPSS(Statistical Package For The Social Science) 10.0 for Windows 통계패키지를 사용하여 실증분석 할 것이다.

　좀더 구체적으로 서비스 종업원의 직무만족이 고객지향성에 미치는 영향에 관한 연구의 방법을 살펴보면 아래 <그림 1>과 같다.

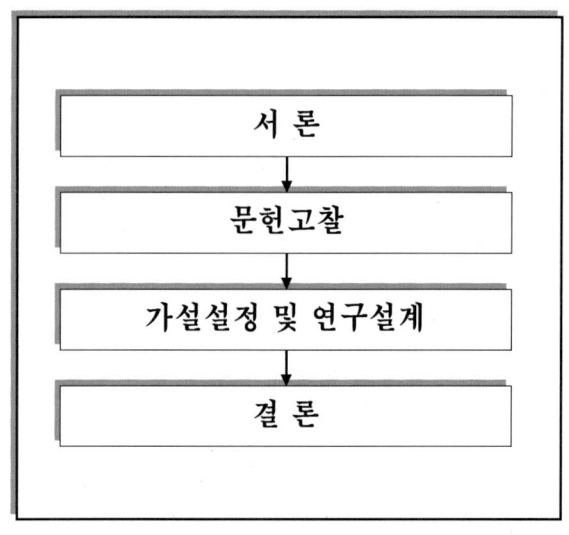

〈그림 1〉 연구 흐름도

제2장

직무만족의 이론적 고찰

26

제1절 직무만족의 개념

기업의 경영자들은 1920년 호손 공장 실험연구를 계기로 인간을 하나의 정적인 인간으로 존중하게 되었다. 즉 경영자들은 종업원들의 사회적 필요와 욕구를 포함하여 인간적인 면에 관심을 갖게 되었다. 이는 과거의 기업 경영자들이 종업원들을 기계와 비슷한 구조적 요소로 파악한 나머지 따뜻한 인간미를 지닌 정(情)적인 요소로 파악하지 못했다는 것이다. 또한 호손 공장의 실험은 인간은 공식적 조직과 더불어 비공식적 집단에도 영향을 받고 있다는 사실을 밝혔다.

이는 본 연구의 대상인 고객과 잦은 접촉을 하여 고객들에게 차별화된 서비스를 생산하고 전달하는 서비스 기업의 구성원을 대상으로 한 내부 마케팅에 있어서 매우 중요한 함의를 시사하는 것이다.

종업원들은 작업생산을 좌우하는 작업환경이나 근로조건과 같은 구조적 능률보다는 자신의 직무에서 유능하고 중요한 존재적 가치를 느끼며 동료, (직장)상사, 혹은 조직 전체와의 사회적 유대관계가 그들의 직무만족에 중요한 요소이다.

자기실현을 원하는 인간은 자신의 필요와 욕구를 충족시킬 수 있는 동기부여로써 직무만족을 얻지 못하였다고 느끼거나 심리적으로 성숙되지 못하였다고 느끼면 자신의 직무로부터 소외당하였다고 느끼게 된다. 이것은 결국 낮은 생산성과 정서적인 불안정을 가져오거나 사기가 저하되어 전이효과・파급효과・확산효과(Spill Over Effect)를 가져오게 되어 기업의 제반환경에 불만족을 야기하게 된다. 따라서 고객과의 장기적인 관계를 구축하여 관계마케팅을 구축하고자 하는 기업의 시장지향성 입장에서 고객과 대면 접촉하는 일선 종업원 개인 수준의 고객지향성에 영향을 미치게 되는 종업원의 직무만족은 매우 중요한 요소이다.

그러면 과연 직무만족이란 무엇인가? 지난 40여 년간 직무만족을 다룬 연구들이 많았음에도 불구하고 직무만족의 구성요소에 대하여 학자들 간에 의견이 일치하지 않고 있으며, 직무민족의 원인을 이해하는 데 필요한 체계적인 지식도 결여되어 있다. 그 이유는 직무만족에 대한 탄탄한 이론적 배경 없이 서로 다른 개념적 정의를 서로 다른 측정방법으로 수행했기 때문이다. 이러한 직무만족도의 정확한 측정을 위하여 먼저 직무만족의 개념이 분명해야 하는데, 이를 위한 이론적 정의는 아직까지 일반화되어 있지 않으며 직무만족이 어떤 요인에 의하여 종속되는가 하는 것 역시 일관성을 찾기 어렵다. 그러므로 우선 직무만족에 관한 여러 학자들의 견해를 종합하여 그 개념적 정의를 알아보고자 한다.

Smith(1955)는 직무만족을 "각 개인이 자신의 직무와 연관하여 경험하는 모든 감정의 합 또는 이러한 모든 감정의 균형상태에서 기인되는 일련의 태도"라고 정의하였다.

Tiffin & McCormick(1974)은 "직무를 통해 얻거나 경험하는 필요와 욕구만족 차원의 함수"를 직무만족이라 정의하였다.

Locke(1976)에 의하면 직무만족이란 "개인이 직무를 평가하거나 직무를 통해서 얻게 되는 경험을 평가함으로써 얻게 되는 유쾌함이나

28

건전한 정서상태"라고 정의하고 있다.

Smith · Locke · Tiffin & McCormick의 견해는 자아충족, 감정과 직무에 대한 성취감이 종업원 자신들의 직무만족도를 좌우한다는 것에 어느 정도 동의하고 있는 것 같다.

Osborn(1972)은 직무만족을 "직무과업, 작업조건, 동료관계 등 여러 측면에 대한 개인의 긍정적 혹은 부정적인 느낌의 정도"라고 정의하였다.

Engel(1978)은 직무만족을 "선택된 대체안이 그 대체안에 대한 자신의 지금까지의 신념과 일치하는가에 대한 평가"로써 정의하고 있다. 이는 어떤 선택자와 결정자의 가치관과 신념과의 일치의 정도를 의미하는 것으로 해석된다.

Albanese & Van Fleet(1983)는 직무만족을 다음과 같이 정의하고 있다. 첫째로 직무만족이란 직무나 작업조건에 대한 태도 혹은 그러한 여러 태도들의 집합이며, 직무에 다양한 차원에 대한 관련 태도들의 집합으로 정의될 수 있다고 언급하고 있다. 둘째로 직무만족은 종종 직무에 있어서 기대된 것과 실제로 경험된 것 간의 비교로 인하여 결정되는데, 이는 공정성 이론의 투입요인과 산출요인의 성과 비교로 인하여 직무만족도가 결정된다는 의미와 비슷하다고 할 수 있다. 셋째로 직무만족은 다차원적 요인들 즉, 이름, 직무자체, 승진 기회, 감독 및 동료와 같은 여러 가지 요소들에 의해 결정된다.

McCormick & Ilgen(1980)은 직무만족을 "특정직무에서 경험하게 되는 필요와 욕구만족 정도의 함수"라고 정의하고 있으며, 직무만족을 "조직구성원들에 의해 유지되는 태도의 하위구조"로 가정하였다.

위의 직무만족을 종합해 볼 때 직무만족이란 "개인이 지각하고 있는 직무에 대한 태도의 하나로서, 한 개인의 직무나 직무경험 평가 시 발생하는 유쾌하고 긍정적인 정서상태"라고 정의할 수 있다. 이는 한 종업원이 자신이 일에서 희망하고 있는 것을, 일이 실제로 제공해 준다고 믿는 가치관의 정도를 반영하는 것이라 할 수 있다.

직무에 대한 이러한 정의로부터 직무만족에 관한 두 가지 특징을 찾아볼 수 있다.

첫째로 종업원의 직무만족은 직무에 대한 개인 종업원의 보이지 않는 내재적이고 상대적인 정서반응이다. 이는 곧 자기관찰을 통해서만 이해될 수 있는 것이다. 따라서 직무만족도는 실제적으로 관찰할 수 없다. 다만 종업원의 태도와 행동으로 직무만족을 유추할 수 있을 뿐이다.

둘째로 종업원의 직무만족을 원하는 것과 실제의 격차(Gap)로서 이해하여야 한다. 많은 학자들이 직무만족을 한 개인이 직무에서 원하는 것과 실제 얻은 것과의 비교를 나타내는 개념으로 파악하고 있다. 따라서 종업원의 직무만족은 다분히 주관적인 개념이다. 이러한 개인 종업원들의 직무만족에 관한 두 가지 특징을 임의적인 '0'을 부여하여 사회과학에서 많이 쓰이는 등간척도(Interval Scale)의 개념으로 파악하여 이해할 필요가 있다.

제2절 직무만족의 중요성

1940년대 이후부터 현재까지 종업원의 직무만족도는 조직의 원활한 운영을 평가하기 위한 중요한 기준이 되어오고 있다. 조직내외의

여러 요소와 인간 요소 간의 관계에서 발생하는 수많은 작용과 영향
은 인간의 필요와 욕구, 동기와 밀접한 관계가 있으며, 조직형태의
대부분이 인간형태인 만큼 조직형태를 결정하는 가장 중요한 요소가
조직 구성원의 필요와 욕구, 동기라 할 수 있다.

기업이 종업원의 필요와 욕구는 어느 정도 충족시켜 주려고 노력
하고 있는가에 따라 조직 구성원의 조직목표에 대한 공헌도는 크게
좌우된다고 할 수 있다.

신유근(1991)은 직무만족이 갖는 중요성을 종업원의 측면과 조직
의 측면으로 이분하여 논의하고 있다.

종업원의 입장에서 직무만족의 중요성을 다음과 같이 설명하고 있다.

첫째로 종업원의 직무만족은 가치측면에서 중요하다. 인간은 가족
과 같은 1차 구성원이지만, 형식적이고 인위적인 규칙에 얽매이는 2
차 구성원으로서 대부분의 시간을 직장에서 보내게 된다. 직장은 단
지 생계를 위한 소득을 얻는 곳만이 아니라 삶의 만족과 개인의 자
아를 실현하는 인생의 장이다.

둘째로 종업원의 직무만족은 정신건강측면에서 중요하다. 종업원들
은 자신이 일상생활을 영위함에 있어서 자신의 생활 일부분이 만족
스럽지 못하면, 그것이 전이효과·파급효과·확산효과(Spill Over Effect)
를 가져와 그와 전혀 관련 없는 다른 부분의 생활도 만족스럽지 못
한 경향으로 생각하게 된다. 직장생활에 만족하지 못하는 사람은 가
정생활이나 여가생활, 인생 자체의 고귀한 삶마저도 만족스럽지 않
는 상태에 있는 것처럼 느낄 수 있게 된다.

셋째로 종업원의 직무만족은 신체적인 건강 면에서도 중요하다.
직무에 대한 불만은 스트레스를 유발하여 정신건강에 영향을 주기도
하지만 더욱이 스트레스 축적은 사람의 신체에 영향을 미친다. 이를

테면 고혈압이나 동맥경화증, 소화불량, 원형탈모증 등이 스트레스에서 기인한다는 것은 이미 널리 알려진 사실이다. 이는 어떤 면에서 정신적인 건강측면과 연관성이 있다고 할 수 있다. 따라서 종업원의 직무만족을 위해서 기업은 스트레스 관리를 할 필요가 있다.

기업의 입장에서 직무만족의 중요성을 다음과 같이 설명하고 있다.

첫째로 직무만족이 종업원의 성과에 직접적인 영향을 줄 것이다. 이 가정은 이론적으로 완전히 타당성이 입증되고 있지는 않지만, 경영자는 이러한 가정을 신뢰하고 있는 실정이다. 기업의 경영자들은 직무와 관련하여 만족하는 종업원들이 그렇지 못한 종업원들보다 능률적이며, 혁신적이고 사려 깊을 것이라고 생각하고 있다.

둘째로 자신의 직무생활에 대해 긍정적인 감정을 가진 종업원은 외부사회에 대하여 자기가 속해 있는 조직을 호의적으로 구전(Word Of Mouth)하게 된다. 이는 좋은 의미에서 조직내외부 구성원 및 사회구성원(일반대중)[1]을 결합시키는 공중관계(Public Relations) 기능을 표현하는 것이라 할 수 있다. 이와 같은 PR기능은 신입사원의 충원이 원활하게 하고 사회구성원(일반대중)이 그 조직에 대해 좋은 감정을 갖게 만들며, 조직생활의 합법성과 목적을 고양시키게 된다.

셋째로 그 누구보다도 자신의 직무를 사랑하는 종업원은 조직내외부뿐만 아니라 사회구성원에 이르기까지 원만한 인간관계를 유지해 나가게 된다.

넷째로 미시적인 개인보다 거시적인 조직의 입장에서 볼 때 직무만

---

1) 마케팅부서(조직내부)의 구성원이 인사부서(조직외부)의 구성원에게 마케팅부서에 대한 구전을 하는 것을 의미한다. 사회구성원은 타 기업의 종업원이나 조직내외부의 종업원을 제외한 일반 대중을 의미한다. 또한 마케팅부서와 인사부서를 조직내부로, 조직내부와 경쟁환경에 있는 조직을 조직외부로 해석할 수 있다.

족이 높게 되면 이직률과 결근율이 감소하게 되고 이로 인해 생산성의 증가효과도 유지할 수 있게 된다. 또한 직무만족과 이직률 및 결근율은 상충관계에 있다.

결국 종업원의 측면과 조직의 측면이 갖는 직무만족의 중요성은 기업의 수익성과 관계경영구축에 큰 도움이 될 수 있다.

제3절 직무만족의 제 이론

직무만족에 관한 이론이 헤아릴 수 없이 많이 쏟아져 나왔지만 실증연구라든가 각 이론들이 통일되지 못하여 사실상 직무만족이 어떤 과정을 통하여 결정되는지 설명한 이론은 미흡한 실정이다. 이에 관련된 이론들을 살펴보면 실천이론, 성과차이이론, 공정성이론, 이요인이론, 유인가이론, 직무단면별 만족모형, 비교이론으로 구분하여 설명할 수 있다. 이들 각각의 이론 내용을 간략히 살펴보면 다음과 같다.

1. 실천이론(Fulfillment Theory)

실천이론(Fulfillment)은 Shaffer나 Maslow 등에서 그 기원을 찾을 수 있다. Shaffer에 의하면 직무만족이란 충족되어야 할 개인의 욕구가 실제로 어느 정도나 충족되는가에 따라 달라진다고 한다. 즉 실천이론(Fulfillment)은 단일한 성과나 여러 성과들을 얼마나 잘 받아들이는가에 따라서 결정된다고 주장한다(박성엽, 1997: 48면 재인용).

2. 성과차이이론(Discrepancy Theory)

성과차이이론은 실제로 얻은 성과를 기준으로 하여 종업원 개인이 받고 싶어 하거나 받아야 한다고 기대했던 성과와의 차이에 의해 만족수준이 결정된다고 주장한다. 그러나 기준을 무엇으로 삼을 것인가에 대하여 일치된 견해는 없다. 다만 다음과 같은 주장들이 통설로 받아들여지고 있는 실정이다.

첫째로 R. A. Kotzell과 E. A. Locke 등의 주장으로 받고자 기대했던 성과의 양이 차이를 낳는 기준이 된다는 것으로 즉, 직무만족이란 실제로 얻은 성과의 양과 자신이 받고 싶어 했던 성과의 양의 차이에 결정된다는 것이다(구능회, 1986: 22면 재인용).

둘째로 E. A. Locke는 만족이란 종업원 자신이 받고자 하는 수준과 종업원 자신이 현재 받고 있다고 지각하는 성과와의 차이에 의해

결정된다고 주장한다. 따라서 Locke는 직무만족에 영향을 미치는 요인을 직무의 특성에 따라 다음과 같이 9가지(작업, 임금, 타인으로부터의 인정, 승진, 부가급부, 작업조건, 동료, 회사와 관리, 감독) 요인으로 제시하고 있다(박성엽, 1997: 48면 재인용).

3. 공정성이론(Equity Theory)

이 이론은 L. Festinger의 인지부조화이론[2])에서 그 근원을 찾을 수 있으며, 이 이론을 동기부여와 관련시켜 체계적으로 제시한 사람은 J. S. Adams이다.

J. S. Adams(1963)에 의하여 제시된 이 이론은 동기부여이론으로 발표되었다. 이는 작업환경에서 행동에 관한 화폐효과의 문제를 처리하기 위해 인지부조화 개념과 사회적 교환 개념을 결합시킨 것이다.

---

2) Festinger에 의하면, 어떤 두 인지요소가 조화를 이루게 될 때(Consonant), 한 가지 인지요소로 다른 인지요소를 예측할 수 있다. 즉 두 개의 인지요소가 심리적으로 불일치할 때 불편함이나 긴장(부조화)을 경험하게 되며 인지부조화의 발생은 불유쾌하기 때문에 개인은 그것을 줄이거나 제거하여 심리적으로 균형을 회복시키기 위하여 행동한다는 것이다. 예컨대, 삼성 제품이 좋다고 생각하는 것과 삼성이 생산한 SM 5를 구입하려는 생각은 인지요소에 있어서 조화를 이룬 것이라고 볼 수 있다. 반면에 어떤 한 인지요소가 다른 인지요소에 상치될 때(Dissonance), 두 인지요소는 부조화상태에 있다고 할 수 있다고 말한다. 좋은 SM 5라고 생각하여 비싼 값을 지불하고 구입하였는데 기대 밖으로 좋지 않다면 부조화가 발생하는 것이다. 홍성태, 「소비자 심리의 이해」(서울: 나남출판, 1999), 268면 수정.

직무만족이란 개인의 투입요인과 산출요인 간의 균형을 어떻게 지각하느냐에 의하여 결정된다고 본다. 즉 만족수준을 <u>자신의 투입과 성과의 비율</u>과 <u>타인의 투입과 성과의 비율</u>을 요모조모 비교하여 따져본 후 성과비율이 공정한지 판단할 수 있다는 논리에 근거한 이론이다.

4. 이요인이론(Dual Factor Theory or Two Factor Theory)

Herzberg(1966)는 Maslow의 연구를 확대하여 이요인이론 혹은 동기-위생이론(Motivation-Hygiene Theory)이라고 불리는 구체적인 내용이론을 전개하였다.

그는 미국의 피츠버그에 있는 기업체를 연구대상으로 하여 각 개인에게는 상호간의 독립된 두 종류의 필요와 욕구가 있음을 발견하였고 또한 그러한 것들은 인간의 행동력에 영향을 미치는 방법에도 차이가 있음을 발견하였다. 따라서 종업원은 종업원 자신의 직무에 대해서 만족한 측면과 불만족한 측면을 동시에 지닐 수 있다고 보았다.

5. 유인가이론(Valence Theory)

Vroom은 직무만족에 대한 지각이 직무와 관련한 과거의 만족경험에 의해 결정되는 것이 아니라 미래에 있게 될 사건에 대한 예견에 의해서 결정된다고 보았다. 즉 직무만족이란 장차 직무를 통해서 얻게 될 성과들이 지니는 가치를 유인가(Valence)라고 부르고 직무만족은 직무에 대한 유인가와 현재 그 직무에 머물려는 두 가지 측면으로 나누어 설명하였다(박성엽, 1997: 49면 재인용).

유인가 측면에서 보면 직무가 지니는 유인가란 그 직무를 수행함에 있어 얻을 수 있는 여러 성과들의 유인가에 이 성과를 얻기 위해서 이 직무가 얼마만 한 도구성이 있다고 보는가 하는 두 가지 요인들을 곱하여 이를 모두 합한 합과 정적 일차함수관계를 이룬다고 한다.

6. 직무단면별 만족모형
(Model Of Facet Satisfaction)

L. W. Lawler는 전체적 직무만족과 직무단면 혹은 요소별 만족을 구분하는 것이 직무만족을 이해하는 데 유용한 길잡이가 된다고 가정하였다. 그리고 Lawler는 각각의 직무단면, 요소들에 대한 만족을

결정짓는 심리적 과정들은 동일하다고 생각하여 직무요인 각각에 대한 만족을 결정짓는 과정을 하나의 모형으로 제시하였다. 즉 L. W. Lawler는 성과차이이론과 공정성이론의 핵심점을 종합하여 직무단면별 만족모형을 제시하였다. 아래 <그림 2>는 L. W. Lawler의 직무단면별 만족모형이다(구능회, 1986: 23면 재인용).

7. 비교이론(Comparison Theory)

비교이론은 직무만족에 관계된 이론 중 널리 인정되고 있는 이론으로 개인의 표준과 그 표준이 어느 정도까지 개인의 필요와 욕구수준에 부응할 수 있는지를 개인이 지각하는 과정에서 얻은 경험의 결과라고 가정하였다.

따라서 직무만족의 양은 개인의 표준과 직무에서 얻을 수 있다고 확신하는 개인의 지각 사이에서 불일치 크기의 함수로 볼 수 있는 것이다.

38

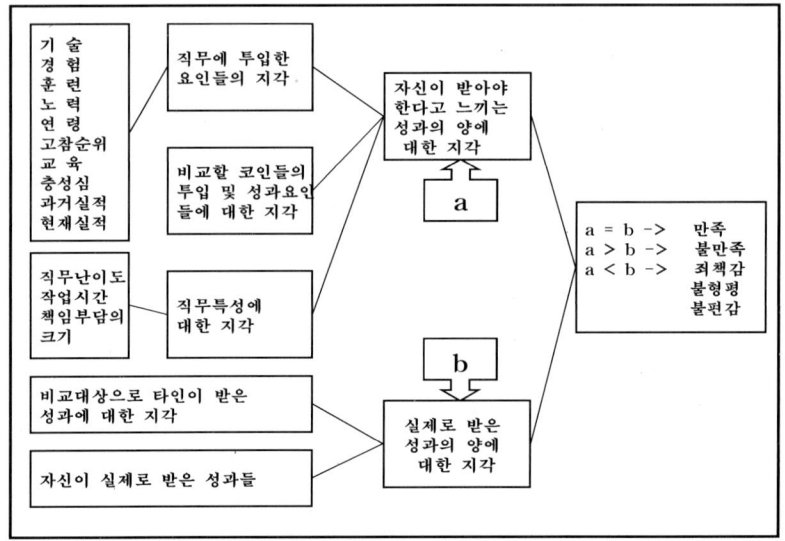

〈그림 2〉 L. W. Lawler의 직무단면별 만족모형(직무만족 결정요인)

제4절 직무만족의 결정요인

직무만족의 결정요인을 살펴보기 전에 직무만족에 관한 두 가지 개념을 이해할 필요가 있다(유명우, 1990).

첫째로 요소만족으로서 직무의 특정 측면에 관한 인간의 감정적 반응이다. 이를테면 봉급, 승진, 기회, 감독 등이 있다.

둘째로 전반적인 직무만족으로서 총체적 직무역할에 관한 인간의 감성적 반응이다.

이 두 개념 간의 관계를 나타내는 함수식으로는 JS = $\sum$(JFS)이다.

JS = $\sum$(JFS) 여기서 (JS: 전반적인 직무만족, JFS: 요소만족)을 의미한다.

만족과 관련된 제반 변수에 관한 연구는 많은 편이나 종업원 직무만족의 내용을 결정하는 구체적인 변수에 대해서는 학자마다 그 이론이 분분하다. 직무만족 요인은 어떤 조직을 막론하고 동일하다고 볼 수 없으며, 조사 연구자의 가치관이나 조직체의 환경, 시기 및 조직이 처해 있는 상황에 따라 키다란 차이가 있을 것이다.

직무만족에 영향을 주는 요인들에는 어떤 것이 있을까? 과연 어떤 요인들이 종업원들의 직무만족에 직접적인 영향력을 행사하는 것일까? 이러한 요소들을 밝혀서 보다 종업원들의 직무만족을 고무시킬 수 있다면 이것은 종업원 개인에게나 기업 전체에 중요한 현안이 아닐 수 없다. 과거 수십 년간에 걸쳐 학자들의 실증적인 연구결과들을 살펴보면 직무만족을 측정하기 위해 사용된 내용과 대상은 연구자의 상대적인 가치관에 따라 다른 것임을 알 수 있다. 직무만족에 대한 결정요인을 살펴보면 다음과 같다.

Herzberg(1959)는 동기부여-위생이론에서 직무만족 결정요인을 ① 성취감, ② 안정감, ③ 직무자체, ④ 책임감, ⑤ 성장가능성, ⑥ 도전감 등을 들었다. 이러한 만족요인 증가하면 생산성은 저절로 증가한다고 Herzberg는 언급하였다.

Myers(1964)는 Herzberg의 연구를 실증적으로 입증하였고 추가적으로 승진요인을 직무만족 요인으로 밝혀냈다.

Vroom(1964)은 직무만족 결정요인으로 ① 감독, ② 작업집단, ③ 직

40

무내용, ④ 임금, ⑤ 승진기회, ⑥ 작업시간 등을 들었다.

Locke(1976)는 9가지 직무만족 결정요인에 대하여 언급하였다. ①
직무자체, ② 임금, ③ 승진, ④ 인정, ⑤ 복리후생, ⑥ 작업조건, ⑦
감독, ⑧ 동료, ⑨ 회사경영방침이다. 이를 좀더 구체적인 내용으로
세분화하면 다음 <표 2-1>과 같다.

〈표 2-1〉 Locke의 직무만족 결정요인

직무만족 결정요인	
구 분	내 용
직무자체	직무성격, 직무에 대한 본질적 흥미, 학습기회, 난이도, 다양성, 성공에 대한 기회, 작업속도와 방법에 대한 통제
임 금	임금액, 공정성, 임금지급방법
승 진	더 나은 경제적·사회적 또는 조직 내의 지위 등을 포함한 기회의 공정성
인 정	성취에 대한 칭찬, 수행한 일에 대한 신망 및 비판, 기대치에 대한 인정감과 시정조치(FeedBack)의 여부 등
복리후생	연금, 의료혜택, 유급휴가 등의 회사의 배려
작업조건	작업시간, 휴식시간, 작업장치, 실내온도, 환풍장치, 작업장의 위치 및 시설의 배치도, 사고의 위험도
감 독	감독의 유형 및 영향력, 기술적인 혹은 인간적인 관계, 관리기술
동 료	동료 간의 우호적, 협조적, 친밀감, 후원적인 정도
회사경영방침	임금과 복리후생에 대한 기업의 정책과 종업원에 대한 관심

Gilmer(1966)는 직무만족요인으로 ① 직장의 안전, ② 승진의 기회,
③ 기업의 관리, ④ 임금, ⑤ 직무의 고유한 측면, ⑥ 직무의 사회적
측면, ⑦ 감독, ⑧ 의사소통, ⑨ 작업조건을 강조하였다.

Jurgenson(1978)은 직무만족요인으로 발전, 부가급부, 자부심을 느
끼게 하는 회사, 마음에 맞는 동료, 시간, 임금, 안전, 감독, 작업유

형, 직업조건으로 열 가지 요인을 제시하였다.

McCormick & Ilgen(1980)은 직무만족은 직무역할과 개인특성 변수를 고려해야 하는데 종업원들이 주어진 직무에 호의적이거나 비호의적으로 반응하는 것은 종업원의 성향의 차이라 할 수 있는 것이다. 직무만족에 대한 논의가 직무의 상황적 측면 또는 작업역할의 측면에 더 많은 관심을 두고 있다 할지라도 직무만족에 관련된 모든 변화가 이런 측면에만 돌릴 수 없다는 것을 기억해야 한다고 종합적인 설명을 하고 있다.

Porter & Steers(1983)는 직무만족요인을 4가지로 구분하였는데 ① 조직전체의 요인(급여, 승진기회, 회사정책과 절차, 조직구조), ② 작업환경요인(감독스타일, 참여적 의사결정, 작업집단규모, 동료작업자와의 관계, 작업조건), ③ 직무내용요인(직무범위, 역할 모호성과 역할 갈등), ④ 개인적 요인(연령과 근속, 성격)으로 나누었다.

위에서 설명한 바와 같이 직무만족의 요인들은 기업의 내부환경과 외부환경에 따라 상대적이다.

본 연구에서는 고객과 서비스 종업원의 일시적이고 잦은 접촉이 발생하는 서비스 인카운터의 서비스 종업원의 직무만족에 영향을 미치리라 사료되는 직무내용요인(역할 모호성과 역할 갈등)과 개인적 요인(직무기간)을 간단하게 살펴볼 것이다.

제3장

고객지향성의 문헌고찰

제1절 고객지향성의 이론적 배경

판매원의 고객지향성 개념은 전통적으로 인적 판매 관리분야에서 연구되었는데, 최근에 서비스 마케팅의 많은 연구가 추가적인 발전을 도모하고 있다. 인적 판매는 고객들로부터 주문을 받는 것뿐만 아니라 고객만족을 획득해야 하는 것으로 확장되고 있다. (서비스) 기업이 고객의 고객만족을 달성하기 위한 방법으로 그 하나의 방법으로는 기업이 '기업 이미지'를 스스로 높이려 하는 방법이 있을 수 있고, 또 다른 방법으로 기업을 대표하여 현장 최일선(front line)에서 일하는 판매원의 직무만족을 높임으로써 일선 종업원의 고객지향성 도모하여 고객만족을 달성할 수 있는 방법이 있을 수 있다.

1990년대 이후 활발히 논의된 고객지향성(즉, 기업 수준에서의 시장지향성)은 "대상(목표) 고객의 필요와 욕구를 파악하고, 또 경쟁자보다 좋은 필요와 욕구를 충족시키는 활동을 수행하여 경쟁우위를 창출하고자 하려는 철학 혹은 행동"으로 정의 내릴 수 있다(Narver and Slater, 1990).

그러나 후에 언급하겠지만, 이러한 Narver et al(1990)의 고객지향성은 기업 수준의 시장지향성의 확장개념으로 서비스 기업의 일선 종업원 개인 수준의 고객지향성개념과는 어느 차이가 있다고 할 수 있다.

판매원의 고객지향성 개념은 연구자 간에 많은 차이를 보이고 있다.

Strong(1925)은 인적 판매 전략이 구매주문뿐만 아니라 고객만족을 이끌어 낼 수 있도록 전개되어야 함을 주장하였다.

그 후에 Reiser(1962)는 고객지향성이 판매원보다 고객의 필요와 욕구에 초점을 두고, 고객의 필요와 욕구에 맞게 제품을 구성하고, 고객의 사업에 관한 지식을 보유하고, 고객의 필요와 욕구를 기업에 전달하고, 고객과 제품 및 기업지식을 개발하고, 저압적 판매회피와 장기적 관계 수립 등 7개의 주요 속성으로 고객지향성이 구성된다고 하였다.

Gwinner(1968)는 접근 용이성, 친절성, 쌍방향적 의사소통, 장기적인 관계수립, 고객문제해결, 고객관심지향 등 6개의 주요 속성으로 고객지향성이 구성된다고 제안하였다.

Spiro & Perreault(1979)는 고객지향성을 위한 종업원과 고객 간 의사소통의 중요성을 지적하였다.

Blake & Mouton(1970)은 종업원과 고객 간 의사소통의 필요성을 강조하여 고객지향성의 9가지 구성요소를 제안하였다.

이 외에 고객지향성 연구의 구성요인에 관해서는 아래의 <표 3-1>과 같다.

〈표 3-1〉 고객지향성 연구의 구성요인

연 구 자	구 성 요 인
Buzzota, Lefton & Sherberg(1972)	① 고객의 필요와 욕구에 대한 관심 및 분석 ② 강압적이 아닌 이해 강구적 행위 ③ 결과지향적 성향 ④ 고객의 일에 적극적인 참여 ⑤ 고객의 말씀에 경청 ⑥ 내재적 사실파악을 위한 호기심 ⑦ 제품과 고객의 필요와 욕구의 합치에 대한 충분한 설명 ⑧ 고객의 욕구 및 수요 변화에 적응 ⑨ 고객의 신뢰획득을 통한 인간관계 구축 ⑩ 전문가 역할의 수행
Kurtz, Dodge & Klompmaker (1976)	고객에게 내가 무엇을 팔 수 있는가가 아니라 이 고객의 문제를 어떻게 가장 잘 해결해 줄 수 있는가 하는 문제해결 접근법의 중요성을 강조
Saxe & Weitz(1982)	① 고객의 만족스런 구매결정을 도우려는 의지 ② (판매원이) 고객 스스로 필요와 욕구를 평가하도록 도와주는 차원 ③ 고객의 필요와 욕구를 충족시키는 제품의 제공 ④ 정확한 제품 설명(기술) ⑤ 기만적 조정적 판매전술의 사용 삼가 ⑥ 강압(고압)적인 방법 삼가
Williams(1992)	① 고객이 만족스런 구매결정을 하도록 도우려는 의지 ② (판매원이) 고객 스스로 필요와 욕구를 평가하도록 도와줌 ③ 고객의 필요와 욕구를 충족시킬 수 있는 제품제시 ④ 제품을 정확하게 기술(설명) ⑤ 기만적 판매전술의 회피 ⑥ 고압적인 방법의 회피 ⑦ 고객만족과 사후관리 활동 ⑧ 승승(Win Win)철학 ⑨ 기업에 대한 대표성
유필화·박대현·곽영식 (1996)	① 마케팅 컨셉의 실천의지 및 판매원의 신념 ② 고객의 요구(Question)에 응하는 자세로 고객응대 ③ 고객에 대한 관심과 배려를 나타내는 인간 ④ 판매 후 지속적 고객만족 추구 ⑤ 비용에 대한 투자로서의 인식

대부분 이러한 연구들은 고객지향적 판매와 비슷한 판매철학들을 제시하였으나, 주장에 대한 실증적 연구가 뒷받침되고 있지 않다.

판매원의 고객지향성에 관한 개척적인 연구로 Saxe and Weitz(1982)의 연구가 있는데, 이들은 판매원의 고객지향도를 측정하는 SOCO(Selling Orientation Customer Orientation)척도를 개발하였을 뿐만 아니라 이를 고객만족, 판매원 성과와 연계를 시도하였다. 이후 SOCO척도에 대한 후속연구는 거의 없었으나 다만 Michaels and Day(1985)는 SOCO척도의 내용을 수정하여 산업구매자를 대상으로 SOCO척도의 확장성을 입증하였으며 Siguaw, Brown and Widing Ⅱ(1994)는 MARKOR(A Measure Of Market Orientation)와 SOCO를 사용하여 기업의 시장지향성과 판매원의 고객지향성과의 관계를 독립된 구조로 조사하여 그 유의성을 밝혔다.

본 연구에서도 고객지향성을 종업원 개인 수준의 고객만족문화로 간주하여 고객지향성을 시장지향성과 독립적인 구조로 조사하였다.

제2절 고객지향성과 시장지향성

Narver & Slater(1990)는 시장지향성을 "구매자에 대해 우월한 가치와 기업에 있어 지속적이고 우월한 성과를 창출하기 위해 필수적인 행동을 가장 효과적이고 효율적으로 창출하는 조직문화"로 정의하고, 시장지향성의 행동 구성요소로 고객지향성, 경쟁자 지향성, 기능 간(부서 간) 협력으로 구분하였다. 이들은 이러한 세 가지 행동요소들은 각각 시장정보의 획득, 확산, 반응을 포함(Kohli and Jaworski, 1990)하여 모두가 동일한 가중치를 가지고 있다고 주장하였다. 이러한 시장지향성은 고객만족경영의 실천 정도를 반영할 수 있는 고객지향성과는 실제적으로 어느 정도 차이가 발생하게 된다. 그리고 기업 수준의 시장지향성이 종업원 개인 수준의 고객지향성을 내포하면서 발생하게 되는 개념의 혼용은 시장지향성과 고객지향성의 관계여부는 다른 연구의 부재를 야기하고 있다.

Deshpande, Farley and Webster(1993)는 Narver et al(1994)의 연구에서 시장지향성 개념에 포함되었던 경쟁자 지향성 개념을 배제하고 고객에게 더 중점을 두어 고객지향성이라는 개념을 사용하였다. 즉 기존의 시장지향성에 관한 연구들을 토대로, 고객지향성(즉 시장지향성)이라는 용어를 사용하였고, "장기적 수익의 확보를 위한 다른 이해 당사자들의 이해를 제외하지 않는 상황에서 고객의 이익을 최우선하는 신뢰의 집합"을 고객지향성이라고 정의하고 있다. 이전의 연구들에서 고객지향성은 주로 개인적인 차원에서 다루어 온 좁은 의미의 개념이었으나, 이들은 고객지향성을 시장지향성과 같이 기업 수준에서 논의한 것이다.

따라서 시장과 고객을 동일한 개념으로 간주할 경우, 기업 수준의 시장지향성과 종업원 개인 수준의 고객지향성은 그 의미상 큰 차이가 없는 것으로 보게 되는 것이다. 하지만 이들의 연구도 시장지향성 속에 고객지향성과 기능 간(부서 간) 협력을 동일한 가중치로 보아 이들의 합을 시장지향성으로 보았기 때문에 종업원의 시장지향성과 실제적으로 차이가 발생하게 된다.

Siguaw, Brown & Widing Ⅱ(1994)는 Kohli, Jaworski & Kumar (1993)가 개발한 MARKOR(A Measure Of Market Orientation)와 SOCO 척도를 사용하여 기업의 시장지향성과 판매원의 조직변수관계를 조사하여 그 유의성을 발견하였으나, 시장지향성과 고객지향성의 혼용된 개념을 그대로 사용했기에 적절한 기업 수준의 시장지향성과 종업원 개인 수준의 고객지향성의 관계에 관한 연구는 제대로 수행되지 않았음을 보여주고 있다.

아래의 <표 3-2>는 시장지향성에 관한 연구자들의 개념적 정의다.

〈표 3-2〉 시장지향성에 관한 기존 연구자들의 개념적 정의[1]

연구자	시장지향성의 개념
McCarthy & Perreault(1984)	마케팅 개념의 실행 정도로 정의
Park & Zaltman(1987)	시장관리지향성으로 정의(마케팅 지향성 극복)
Webster(1988)	구매자에 대해 우월한 가치와 기업에 있어 지속적이고 우월한 성과를 창출하기 위해 필수적인 행동을 가장 효과적이고 효율적으로 창출하는 조직문화로 정의
Narver & Slater(1990)	
Kohli & Jaworski(1990)	기업 내에서 현재와 미래 고객의 필요와 욕구에 부합하는 시장 정보의 획득, 전 부서에 걸친 정보의 확산, 정보에 대한 반응으로 정의

위의 내용을 정리하면 고객지향성과 시장지향성에 관한 개념적 정의의 차이에는 크게 세 가지 흐름으로 구분될 수 있다.

첫째로 고객지향성과 시장지향성 개념을 동일시 여기는 흐름이다(Deshpande et al, 1993).

---

1) 윤재호, "기업의 시장지향성이 종업원의 고객지향성에 미치는 영향에 관한 연구", 「석사학위논문」(서울: 국민대학교 대학원 경영학과, 1998), 12면 재인용.

둘째로 시장지향성 개념의 하부개념으로 고객지향성을 바라보는 흐름이다(Narver et al, 1990, Kohli et al, 1990).

셋째로 고객지향성과 시장지향성 개념을 독립적인 개념으로 바라보는 흐름이다(Siguaw et al, 1994).

그러나 첫 번째와 두 번째 흐름은 시장지향성과 고객지향성 혼용하고 있는 실정이다. 따라서 시장지향성의 개념을 조직문화 수준의 개념으로, 고객지향성을 종업원 개인 수준의 개념으로 바라볼 필요성이 제기된다.

따라서 본 연구에서 사용될 고객지향성 흐름은 마지막 세 번째에 언급된 종업원 개인 수준의 고객지향성 개념이다.

제3절 선행연구

종업원 직무만족에 대한 연구는 대부분의 품질지향적인 기업전략에 있어서 매우 중요한 사항이다. 특히 종업원이 고객과 직접적으로 접촉하는 경우 특히 그러하다. 따라서 종업원이 직무에 만족하면 고객만족을 확보할 수 있다(Rust, Stewart, Miller & Pielack, 1996). 특히 내부 마케팅은 기본적으로 기업을 구성하는 모든 구성원들의 만족을 지향한다.

기본적으로 서비스 조직에서는 종업원과 고객은 매우 빈번하게 상호작용을 한다. 따라서 종업원들이 느끼고 경험하는 것들은 서비스 인카운터의 고객에게 그대로 전달될 수밖에 없다. 이것은 곧 진실의 순간(Moment Of Truth)[2]으로 연결되어 애호 고객(loyal customer)으로 남을 것인가 아니면 불평·불만고객으로 남을 것인가와 연결된다.

　O'Hara, Boles and Johnston(1991)은 판매원들을 대상으로 판매원들의 고객지향성에 영향을 끼치는 개인변수들에 관한 실증적인 연구를 하였다. 이들은 연구에서 Saxe and Weitz(1982)가 판매원과 고객의 개인적 수준에서의 마케팅 개념을 실천으로써 정의한 고객지향적 판매가 판매상황에서 매우 중요함에도 불구하고 마케팅 관리자들에게 상대적으로 관심이 빈약함을 지적하면서 판매원들의 고객지향적 판매의 잠재적인 선행변수로서 직무기간(job tenure), 성별(gender), 조직몰입(organizational commitment), 직무몰입(직무관여: work involve-ment), 관리자의 지원(supervisory support) 등과 같은 변수들을 독립변수로, 판매원들의 고객지향성을 종속변수로 광고 판매원과 산업재 판매원을 연구대상으로 실증분석을 수행하였다. 그들의 연구모형은 <그림 3-1>과 같다.

---

2) 결정적 순간 혹은 진실의 순간은 원래 스페인의 투우 용어로 투우사와 소가 일 대 일로 대결하는 최후의 순간을 말한다. 결정적 순간은 서비스 제공자가 고객에게 서비스의 모든 것을 보여줄 수 있는 기회로서 지극히 짧은 순간이지만 고객의 서비스에 대한 인상을 좌우하게 된다. 백운배·윤만희, "서비스 접점에서의 고객 참여에 관한 연구,"「사회과학연구」(대구: 대구대학교, 1997), 제 3 집 제 2 호, 244면.

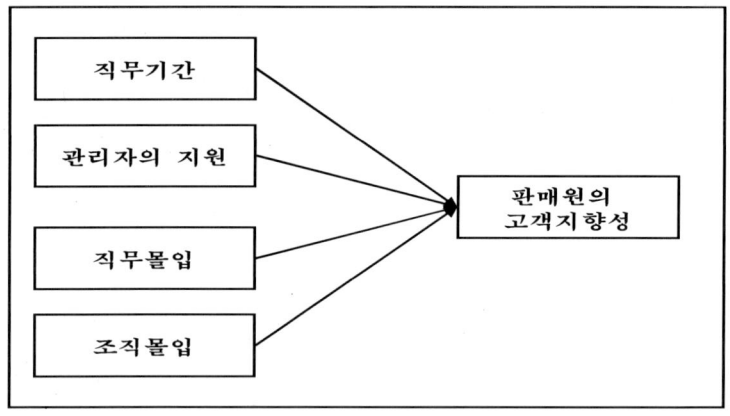

<그림 3-1> O'Hara, Boles and Johnston(1991)의 연구모형

연구 결과 판매원들의 고객지향성에 가장 큰 영향을 미치는 판매원
의 개인 변수로는 광고 판매원과 산업재 판매원 모두에게 조직몰입
으로 나타났다. 그리고 광고 판매원들에게서는 조직몰입 외에 성별,
즉 여성이 남성보다 더욱 고객지향적인 것으로 나타났다. 직무기간과
관리자의 지원의 관계, 직무몰입과 판매원들의 고객지향성과의 관계
는 유의적이지 않은 것으로 나타났다. 한편 산업재 판매원들을 대상
으로 한 연구에서는 조직몰입 외에 직무기간과 관리자의 지원이 판
매원들의 고객지향성에 유의적인 영향을 미치는 것으로 나타났다.
특히 직무기간은 연구자들의 기대와는 다르게 판매원들의 고객지향
성과 역의 관계에 있는 것으로 나타났다.3) 연구결과에 대한 의미에서

---

3) O'Hara, Boles and Johnston은 연구결과에 대한 논의에서 직무기간(Job
   Tenure)이 판매원들의 고객지향성과 역의 관계로 나타난 것을 당시 연
   구시점에 있어서 특수한 상황변수로 설명하고 있다. 당시 연구조사 대상
   이었던 Oil 산업의 대량해고단행과 봉급의 동결 및 삭감으로 발생한 영
   향으로 해석하고 있으며, 직무기간(Job Tenure)이 오래되고 그와 관련된

O'Hara et al(1991)은 판매원들의 고객지향성에 영향을 미치는 요인은 제품과 서비스의 종류에 따라서 상대적으로 나타날 수 있음을 제시하고 있으며, 향후 연구에 판매원들의 교육수준(Education Level), 역할 갈등(Role Conflict), 기만술(Machiavellianism) 등의 변수를 연구에 포함시켜서 연구해 볼 것을 제시하고 있다.

Schneider and Bowen(1993)은 종업원들이 자신들의 직무에 대해 경험한 것을 제대로 파악하고 있는지의 여부는 고객들이 서비스 질을 어떻게 지각하는지 통계로 유의한 영향을 미친다고 하였다. 즉 종업원들에게 긍정적인 경험을 심어줌으로써 외부고객의 시각(관점)에서 높은 질의 서비스를 지각할 수 있도록 하는 결과를 초래할 수 있다는 것이다(Edvardsson, Larsson & Setterlind, 1997). 이를 위해 서비스 기업들은 외부고객에 대한 서비스의 질적인 지향과 향상뿐만 아니라 내부고객들에게도 이를 강조하는 전 조직에 걸쳐 서비스 질 지향적인 경영철학을 갖추고 있지 않으면 안 된다.

서비스 질의 향상을 위해 내부고객의 만족이 선행되어야 한다는 것은 그동안의 많은 연구들에서 주장되어 왔다.

내부고객만족에 영향을 주는 여러 요인들 중에서 직무만족에 관한 많은 연구들이 있었는데 Hoffman & Ingram(1991)의 연구에서는 가정 간호사들을 대상으로 실증연구를 수행하여 직무만족과 고객지향성의 관계를 검증하였다. 이들의 연구모형은 다음 <그림 3-2>와 같다.

직무경험이 많은 판매원일수록 그들의 지위가 상승되는 것으로, 결과적으로 판매원들은 고객접촉과 고객만족측면에서 자신들의 기량을 신입 판매원보다 덜 발맞추게 된 결과로 볼 수 있다고 추가적으로 설명하고 있다. 남관우, "서비스 종업원 요인이 고객지향성에 미치는 영향에 관한 연구" 「석사학위논문」(서울: 연세대학교 대학원 경영학과, 1997), 31면 각주 1 재인용.

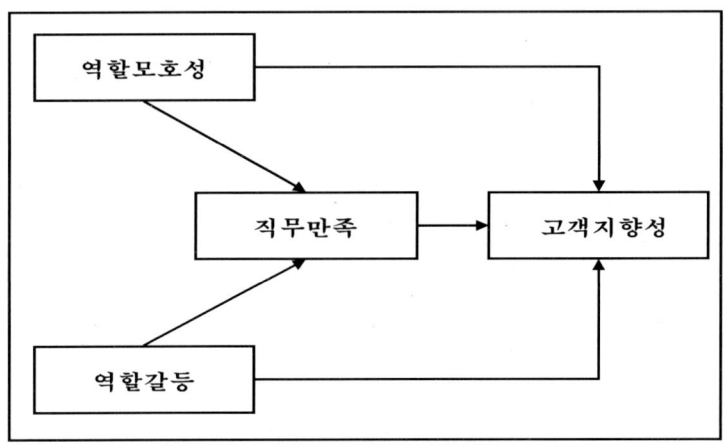

〈그림 3-2〉 Hoffman & Ingram(1991)의 연구모형

연구 결과 역할 갈등이 유의한 수준(-.35)으로 직무만족에 역(-) 의 영향을 끼치는 것으로 나타났고, 직무만족은 고객지향성에 유의 한 수준(.28)으로 정(+)의 영향을 끼치는 것으로 나타났다. 그러나 서비스 제공자(간호사)의 역할 갈등이 고객지향성에 역(-)의 영향을 미칠 것이라는 가설은 유의적이지 않아 채택되지 못하였다.

이들은 직무만족과 고객지향성 간의 관계를 사회교환이론(Social Exchange Theory)으로 설명하였는데, 사회교환이론에 의하면 사람들 은 자신들이 혜택을 입고 있는 상대방에 대해 상호 호혜적이고 또한 그러한 상대방에게 지지하는 태도와 행동을 보인다고 한다. 따라서 간호사들이 심리적인 측면에서 직무만족도가 높을 경우 환자들을 보 살피는 태도가 훨씬 고객지향적으로 바뀌어 더 친절하고 신속한 행 동을 한다는 것이다. 그들은 또한 사회교환이론 외에도 많은 심리학 실험들이 개인이 긍정적인 감정상태를 가지고 있을 때 사회적으로 바람직한 행동들을 더 자주하게 된다는 결과를 얻었음을 강조하고 있다. 즉 직무만족은 조직원들의 긍정적인 감정상태를 측정하는 가장 중요한 변수가 되므로 직무만족도가 높은 종업원일수록 대인관계에서의 민감성이 높아 고객의 이야기를 경청하고, 고객의 필요와 욕구를 신속하게 파악하여 친절한 태도를 보이게 된다는 것이다.

Schlesinger & Zornitsky(1992)는 직무만족과 서비스 질에 관하여 연구하였는데 직무만족과 서비스 능력에 대한 종업원의 지각이 서비스 질에 대한 종업원의 시각과 정(+)의 상관관계가 있으며 서비스 능력이 직무만족을 증가시키는 중요한 요인이 되고 있음이 밝혀졌다. 이들은 미국의 보험회사에 근무하는 1,277명의 종업원과 이 보험회사를 이용하는 4,269명의 고객을 대상으로 설문조사를 실시하였는데 서비스 능력이 높은 것으로 조사된 종업원의 80%가 그들의 직무에 만족한 것으로 나타났다.

Brown & Peterson(1993)은 판매원의 직무만족에 영향을 미치는 요인에 관한 메타분석(Meta Analysis)을 실시하였는데, 그 결과 역할 인식(Role Perception)이 가장 영향력 있는 변수로 알려졌으며, 다음으로 조직목표, 개인차 순으로 중요도가 매겨졌다. 이 연구결과를 통해서 고객지향성이라는 변수가 직무만족으로부터 영향을 받는다는 것이 더 확실해졌으며, Bitner, Booms & Tetreault(1990)의 연구에서도 종업원들의 직무만족도가 떨어질 경우 종업원들의 서비스 성과가 떨어질 수 있다고 하였다.

Siguaw et al(1994)은 기업의 시장지향성이 조직구성원들의 행동과 태도에 미치는 영향에 관한 연구에서 O'Hara et al(1991)의 연구와는 달리 기업의 시장지향성이 조직구성원들의 고객지향성에 영향을 미치고 조직구성원들의 그러한 고객지향성은 그들의 역할 갈등과 역할

56

모호성을 낮추게 되고, 따라서 직무만족과 조직몰입이 높아질 수 있
다는 가설을 세우고 실증연구를 하였다. Siguaw et al(1994)의 연구
모형은 다음 <그림 3-3>과 같다.

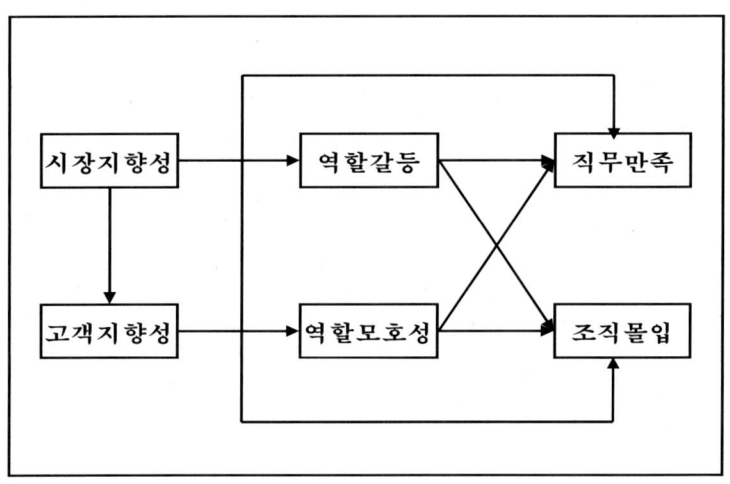

〈그림 3-3〉 Siguaw, Brown and Widing II(1994)의 연구모형

연구결과 기업의 시장지향성이 판매원들의 고객지향성을 높이고, 판
매원들의 역할 갈등과 역할 모호성을 낮추는 데 유의적인 것으로 나
타났다. 그리고 기업의 시장지향성이 판매원들의 직무만족과 조직몰
입을 높이는 데 유의적인 것으로 나타났다. 그리고 역할 갈등과 역
할 모호성이 적을수록 직무만족이 증가하는 것으로 나타났다. 그러
나 판매원들의 고객지향성이 그들의 역할 갈등과 역할 모호성을 낮
춘다는 가설은 채택되지 못하였다.

기업이 시장지향적일수록 종업원들의 사기, 직무만족, 조직몰입은

커진다. 이는 사업성과뿐만 아니라 조직내부의 구성원들에 대한 만
족도도 높아진다고 할 수 있다. 특히 서비스 종업원들의 사기는 그
자체가 사업성패에 결정적인 역할을 하기 때문에 서비스 질을 향상시
키고 고객만족을 증대하기 위해서는 종업원 만족을 유도해야 하며 시
장지향성이 그러한 역할을 한다고 볼 수 있다.

제4절 고객지향성의 측정평가 및 방안

고객지향성의 선구적인 실증적 연구로서 Saxe and Weitz(1982)의
연구가 있다. 이들은 마케팅 컨셉 및 인간관계모형에 관한 문헌과
25명의 판매간부와 판매원들과의 면접조사를 통해 104개의 항목을
추출하고 최종적으로 24개의 문항을 고객지향성의 척도로 삼았으나
다음과 같은 문제점이 있다.

첫째로 SOCO척도는 실증표본에 대하여 평균값이 7.75(9점 척도 기
준)로 나타남으로써 변별력을 상실하고 있다. 즉 판매원의 자기평가
(Self Report)로 인하여 응답자 분포가 심한 편향성(Skewness)[4]이 나

---

4) 분포의 성격을 더 잘 알기 위해서 집중화 경향(Central Tendency)이나 분
산도(Dispersion) 이외에도 분포의 모양이 대칭분포(Symmetric Distribu-
tion)에서 얼마나 벗어났는가를 알아보는 방법으로 편향성 혹은 비대칭
도(Skewness)가 있다. 편향성 혹은 비대칭도(Skewness)는 관찰값들이 어
느 쪽으로 치우쳐 있는가를 의미한다. 비대칭도를 측정하는 방법으로 많

타남으로 인하여 고객지향성이 높은 판매원과 낮은 판매원을 제대로 구별하지 못하고 있다.

둘째로 판매원 고객지향성의 개념 영역을 확장시킬 필요성이 있다. 왜냐하면 측정항목들이 고객지향적 판매원의 태도 및 행동적 특성만을 다루었기 때문에 믿음이나 인식 등 고객지향 성향의 포괄적인 내용을 담고 있지 못하기 때문이다. 또한 인적 판매 과정에서 거래적 부분만을 강조함으로써 고객지향적 판매에 요구되는 부가적 서비스나 인간관계적 요소를 간과하고 있다는 단점을 지니고 있다. 즉 SOCO척도에서는 판매원 고객지향성의 개념을 거래지향적 마케팅 컨셉의 실천개념으로만 파악하고 있고, 고객지향적 판매원의 행위적 특성만을 고려하고 관계론적인 시각에서 판매원의 가치관이나 인식적 요소가 소홀히 다루어지고 있음을 의미한다.

셋째로 판매원의 고객지향성의 구성요소를 6개로 제시하였는데 그 구성요소들 간에는 독립성이 부족하고, 구성요소 간의 중요도 및 차이도가 무시되고 있다. 이는 방법론상의 문제점으로 Saxe et al(1982)는 사전적으로 구성요소를 규정하지 않고 문헌 및 면접조사를 토대로 나온 결과를 범주화하였기 때문에 요소 간의 독립성이 부족하고, 판매원의 고객지향성을 포괄적으로 나타내지 못한 것으로 판단된다.

넷째로 판매원 고객지향성과 판매원 성과 간의 관계에 관한 예측 타당성 검증에 있어 결과의 유의성이 높지 않으며, 양자의 관계를 조정하는 변수들에 대한 설명력 또한 부족하다.

다섯째로 판매원의 고객지향성을 측정한 후, 그 결과에 대한 실무

이 쓰이는 것으로 피어슨의 비대칭도계수(Pearson's Coefficient Of Skewness)가 있다. 이는 산술평균과 중앙값의 차이가 표준편차에 비하여 얼마나 떨어져 있는가를 나타내는 것이다. 박정식·윤영선, 「현대통계학」(서울: 다산출판사, 1999), 79-80면.

적 활용여부에 대하여 시원한 해답책이 없다는 것이다.

위와 같은 문제점을 반영하여 유필화, 박대현 & 곽영식(1996)은 SOCO 척도를 개선, 확장하여 판매원의 고객지향성의 포괄적 개념을 측정할 수 있는 고객지향지수 즉 COIS 측정지수(Customer Orientation Index of Salesperson)를 개발하였다. 그러나 고객지향지수 COIS 측정지수도 판매원의 고객지향성의 실제평가를 해야 할 고객의 의견이 전혀 반영되지 못하고, 고객을 대하는 기술적인 문제만을 다루고 있다는 데 문제점을 지니고 있다.

이러한 문제점을 고려하여 본 연구에서는 기업 조직문화 수준에서의 시장지향성을 측정할 수 있는 SOCO척도를 사용하지 않고 제품이나 서비스 구매 시 고객들이 인식하는 서비스 질을 측정하는 SERVQUAL 척도를 사용할 것이다. 왜냐하면 SOCO척도의 항목들은 인적 판매상황하에서의 거래적인 부분만을 강조하고 있기 때문이며, 고객지향적 판매에 요구되는 부가적 서비스나 고객배려 차원과 같은 인간관계적인 요소를 간과하고 있기 때문이다. 실제로 고객은 거래지향적인 측면보다는 인간관계적인 측면을 더 많이 고려하고 있는 듯하다.

Oliver(1980)의 기대·성과 불일치 모델을 기초로 하여, 서비스 질의 다양한 측면에 대한 고객만족을 위하여 Parasuraman, Zeithaml & Berry(1988)가 SERVQUAL척도를 개발하였다.

Parasuraman et al(1988)의 SERVQUAL척도는 크게 두 가지 질문으로 구성되어 있다. 첫째로 서비스 산업에 대한 고객의 기대를 측정하는 항목들로 구성되어 있다. 둘째로 특정 서비스를 제공하는 기업에 대한 고객들의 성과를 측정하는 항목들로 구성되어 있다.

SERVQUAL척도는 외부고객만족의 대상으로서 외부고객이 제품이나 서비스 구매 시 외부고객들의 서비스 질 측정뿐만 아니라 내부고객만족의 대상으로서 서비스 종업원들의 고객지향성 측정에도 사용될 수 있다.

SERVQUAL척도가 내부고객만족의 대상으로서 종업원 수준의 고객지향성에 사용될 수 있는 이유는 서비스 인카운터에 있어서 서비스 종업원은 서비스 기업을 대표할 수 있는 내부고객이기 때문이다. 따라서 내부고객의 직무만족이 높으면 높을수록 서비스 인카운터에서 서비스 일선 종업원들은 대면하는 외부고객에게 서비스를 훌륭하게 생산 및 전달하여 고객만족을 이끌어 낼 수 있을 것이다.

SERVQUAL척도는 Parasuraman et al(1988)이 주창한 이후부터 지속적으로 수정되고 보완되었다. SERVQUAL척도는 최초의 SERVQUAL 척도와 차이점을 보이고 있다.

첫째로 최초의 SERVQUAL척도의 표현에서의 당위적인 표현은 너무 높은 기대수준을 일으킬 수 있으므로 Should를 Will로 수정하여 표현하고 있다.[5]

둘째로 SERVQUAL척도에서 부정적인 표현을 긍정적인 표현으로 수정하고 있다.

셋째로 SERVQUAL척도의 일부진술의 표현을 수정하여 표현하고 있다.

본 연구는 서비스 종업원의 직무만족이 종업원의 고객지향성에 미치는 영향에 관한 연구로서 SOCO(Selling Orientation Customer Orientation)척도보다는 차원성을 가진 SERVQUAL척도를 사용할 것이다.

---

5) 원래의 SERVQUAL의 표현에서의 당위적 표현(Should: 예를 들어, 전화회사는 그들의 기록을 정확히 유지하여야 한다)은 너무 높은 기대수준을 야기할 수 있으므로(즉, 1-7점 척도에서 많은 응답자들이 7점에 표시할 수 있음) 표현을 수정하였다(Will: 예를 들어, 우수한 서비스 회사는 기록에 착오가 없을 것이다.). 자세한 내용은 이학식, "지각된 서비스품질의 결정과정: 판단이론적 시각", 「경영학연구」(한국경영학회, 1997), 제26권 제1호, 139-154면 참고.

SOCO척도와 SERVQUAL의 척도 어떻게 다른지 비교하면 다음 <표 3-3>과 같다.

〈표 3-3〉 SOCO척도와 SERVQUAL의 척도 비교

구 분	SOCO척도	SERVQUAL척도
기본 패러다임	거래 마케팅	서비스 마케팅
변수 사용	행위적 변수	인식적 변수
측정 대상	판매원에 국한	서비스 고객 및 종업원
고객지향성의 구성요소	지엽적	고객의 인식에 기반을 둔 포괄적 요소
개발 목적	판매원의 행위 변별	서비스 고객들의 질 인식 측정

제4장

가설설정 및 연구설계

제1절 가설설정

역할 갈등(Role Conflict)은 일선 종업원의 역할 행동 내의 하나 혹은 그 이상의 역할 간의 불일치성·상반성(Incompatibility)으로 정의된다.

역할 갈등(Role Conflict)은 "역할과 관련된 기대의 불일치 정도"로 종업원이 역할 파트너로부터 양립할 수 없는 둘 또는 그 이상의 역할 수행이 요구되어 동시에 이를 만족시킬 수 없게 될 때 발생한다(Daniel & Jaffrey, 1996).

역할 모호성(Role Ambiguity)은 종업원이 자신의 역할을 효과적으로 규정하기 위한 정보를 가지고 있지 않을 경우에 발생한다(Jagdip, 1993). 즉 종업원이 자신의 역할과 수행과 관련된 충분한 정보(① 특정상황에서 역할 파트너들이 기대하는 바가 무엇인지에 대한 정보, ② 어떻게 그 기대를 충족시킬 수 있는지에 대한 정보, ③ 그들의 성과가 어떻게 보상받는지에 대한 정보)를 가지고 있지 못할 때 역할 모호성은 증대된다. 이는 종업원들의 직무성과와 직무만족에 부정적인 영향을 미친다고 할 수 있다.

서비스 기업은 제조업보다 노동 집약적인 경향과 대면접촉적인 경향이 강하기 때문에 사람들 간의 갈등이 제조업보다 더 많이 발생한다. 그러므로 서비스 생산과 전달 시 일선 종업원의 직무만족도가 서비스 질의 결정요인이 되기 때문에 일선 종업원의 갈등과 스트레스를 관리하는 것은 매우 중요하다. 왜냐하면 진실의 순간(Moment Of Truth)과 연결되기 때문이다.

종업원이 겪는 갈등의 유형을 크게 4가지로 구분할 수 있다. 자세한 내용은 아래 <표 4-1>과 같다.

〈표 4-1〉 갈등의 유형별 원인과 처방(이유재, 2000: 416면 수정 · 보완)

유 형	원 인	처 방(치유책)
종업원의 역할 갈등	•직무부적합 •의복(유니폼) 규정	•종업원 채용 시 신중성을 기한다. •종업원에게 지속적인 지도와 훈련을 실시한다. •종업원의 불평토로(고충처리) 절차를 만든다.
종업원과 조직 간의 갈등	•두 상사 딜레마 (two boss dilemma)	•종업원에게 회사의 정책과 목표를 확실히 이해시킨다. •종업원에게 상대적인 권한을 부여한다. •종업원의 의사결정을 지원한다.
종업원 간의 갈등	•명쾌한 의사소통부족 •명령체계의 부족 •성격 간의 갈등 •고객에 대한 경쟁 •업무량에 대한 인식 차이	•갈등을 제거하기 위해 갈등의 원인을 결정한다. •갈등을 해결하기 위해서 가능한 해결책을 탐색한다. •후속조치(Follow Up)를 취한다.
종업원과 고객 간의 갈등	•고객의 역할수행부족 •소유권 •다양한 고객의 행동	•고객과 종업원 양 당사자가 제 역할을 충분히 이해해야 한다. •새로운 고객을 지도한다. •관리층이 종업원들에게 다양한 고객들이 있음을 상기시켜, (종업원들에게) 고객들에 대한 응대 태도를 교육시킨다.

서비스 종업원의 역할 갈등은 종업원이 접촉하는 모든 고객들의 필요와 욕구를 충족시켜 줄 수 없다는 생각을 빈번하게 갖게 한다. 이러한 생각을 갖게 하는 이유는 서비스를 원하는 사람이 한꺼번에 몰리는 경향이 많기 때문이다.

역할 갈등은 서비스 제공자의 직무 중 여러 요소 간의 부조화를 포함하며, 이는 긴장감, 불안감, 그리고 불만을 증가시킨다(Organ, 1973). 경영층이 질적인 서비스보다는 양적인 판매를 강조하고, 그리고 서비스 종업원들로 하여금 질적인 서비스와 양적인 서비스를 동시에 기대하는 경우가 많아서 종업원들로 하여금 역할 갈등을 유발하는 경우가 있다. 종업원들은 서비스를 제공하면서 고객에게 무언가를 팔기를 원하는 관리자의 기대를 알게 된다. 이러한 경우 종업원들은 서비스 기업의 기대와 서비스라는 직무 사이에서 갈등을 느끼게 된다.

역할 갈등의 요인으로 역할 과중(Role Overload)이 있다. 역할 과중은 종업원이 지나치게 많은 고객과 접촉하게 될 때 나타난다. 이런 경우 종업원은 접촉 과중(Contact Overload)이라고 하는 피로를 느끼게 되는데 이런 피로는 단조롭고 냉담한 감정을 갖게 한다. 따라서 다음과 같은 가설이 도출된다.

H1: 서비스 종업원의 역할 갈등은 서비스 종업원의 직무만족에 부정적인 영향을 미칠 것이다.
H2: 서비스 종업원의 역할 모호성은 서비스 종업원의 직무만족에 부정적인 영향을 미칠 것이다.

Churchill, Ford and Walker(1976)는 직무경험이 많은 판매원이 그들의 직무와 고객, 그리고 회사의 정책과 프로그램을 보다 잘 이해한다고 주장하였다. 직무기간(job tenure)은 어떤 특정 종업원이 그가 소속해 있는 회사에서 근무하고 있는 시간의 길이로 정의될 수 있으며, 직무기간은 비율척도의 개념으로 완벽하게 환산이 가능한 개념이다. 직무기간은 다른 중요한 개인변수와 관련해서 연구되어 왔다. 다양한 연구문헌에서 이러한 직무기간은 개인의 직무, 직무기술, 역할 인식 등에 원인변수로 영향을 미치는 것으로 밝혀졌다(Walker, Churchill and

Ford, 1975).

위와 같이 개인의 직무기간이 개인의 직무에 대한 태도와 행위에 중요한 영향을 미치는 변수임에도 불구하고, 직무기간은 서비스 종업원들의 고객지향성과 관련하여 연구가 제대로 수행되어 있지 않다.

Saxe & Weitz(1982)는 직무기간을 종속변수로서 판매원의 고객지향성에 영향을 미치는 독립변수로 보았다. 그리고 이들은 판매원의 고객에게 전문성과 선택의 폭을 제시할 수 있는 능력은 서비스 기업에서의 경험수준과 밀접한 관련이 있다고 주장하고 있다. 즉 제품이나 서비스 판매 경험이 많은 종업원이 고객지향적 행동수준이 높을 것으로 기대하고 있는 것이다. 종업원의 고객지향성이 높은 것은 직무기간에 비례하여 쌓인 서비스 'Know How'로 해석할 수 있다. 따라서 다음과 같은 가설이 도출된다.

H3: 서비스 종업원의 직무기간이 길수록 서비스 종업원의 직무만족에 긍정적인
　　영향을 미칠 것이다.

Locke(1976)에 의하면 직무만족이란 "개인이 직무를 평가하거나 직무를 통해서 얻게 되는 경험을 평가함으로써 얻게 되는 유쾌함이나 건전한 정서상태"라고 정의하고 있다. 운영상으로 직무만족은 감독자, 업무, 보수, 승진기회, 동료들, 고객들과의 만족을 포함한 여러 가지 측면들로 구성되어 있다(Brown and Peterson, 1993).

직무만족과 일선 종업원 성과 간의 직관적 연결에도 불구하고 많은 연구에 있어서 메타분석(Meta Analysis)은 일선 종업원의 직무만족과 성과 간에는 .15의 크지 않은 상관관계가 나타났다(Brown et al, 1993). 이렇게 낮은 결과가 나타난 원인은 결과 관점(이를테면, 판매

량 또는 할당량)에서 종업원의 성과를 측정했기 때문이다.

Churchill은 직무만족은 판매환경에서의 종업원의 행동적 성과와 밀접한 관련이 있다고 제시하고 있다. 이와 유사한 관계가 서비스 종업원에 대해서도 발생하기 쉬운데, 서비스 인카운터의 종업원의 행동적 성과는 때때로 고객이 지각하는 서비스가 된다는 것이다(Bitner, 1990). 이러한 관계는 자신의 직무에 만족한 종업원은 고객을 돕는 행동에 좀더 적극적으로 참여할 것이라는 일선 종업원과 고객 간의 상호작용에 의거한다.

Schneider and Bowen(1993)은 직무만족이 종업원이 양질의 서비스를 전달하는 중요한 원인이라는 증거를 발견했다. 많은 연구자들이 서비스에 관한 고객의 지각은 직무만족에 의해 영향을 받는다고 주장했지만, 경험적으로 조사되지 않았다. 직무에 만족한 종업원들은 서비스를 전달하는 과정에서 고객의 기대를 정확히 인지하고 이를 충족시키기 위해 노력하게 되므로 고객만족을 이끌어 낼 수 있게 된다. 따라서 다음과 같은 가설이 도출된다.

H4: 서비스 종업원의 직무만족은 종업원의 고객지향성에 영향을 미칠 것이다.

제2절 가설의 조작화

1. 역할 갈등과 역할 모호성

변수들의 측정은 Chonko, Howell and Bellenger(1986)가 개발한 역할 갈등과 역할 모호성 척도를 이용할 것이다. 이들이 개발한 30개 항목의 역할 갈등과 36개 항목의 역할 모호성을 적용하기 위하여 진실로 진실의 순간이 반복되는 즉, 혼잡한 상황에서 서비스를 전달 혹은 생산하는 서비스 인카운터의 최일선(front line) 종업원에게 적용할 수 있는 항목을 선택할 것이다. 여기에서 서비스 인카운터의 종업원이란 매장에서 판매를 하거나 안내를 하면서 직접 고객을 대면하여 서비스를 제공하고 생산하는 종업원을 의미한다. 본 연구에서 사용될 역할 갈등과 역할 모호성의 척도는 아래의 <표 4-2>와 같다.

〈표 4 2〉 역할 갈등과 역할 모호성의 척도

	변　　　　　수	척　도
역할 갈등	•나는 주어진 업무량보다 많은 일을 하고 있다. •내가 예상한 고객의 수보다 실제로 서비스를 이용한 객의 수가 더 많다. •내가 생각한 업무외적인 일의 양보다 실제로 수행한 업무외적인 일의 양이 많다. •우리 백화점은 판매를 너무 강조해 고객에게 적절한 서비스를 제공하기 어렵다. •나는 고객만족을 위해 사내규칙을 융통성 있게 적용한다고 생각한다.	7점 척도

변　　　　　수	척　도
역할 모호성	•나는 업무에 필요한 도움을 받을 수 있는 부서를 잘 알고 있다. •상급자의 허락 없이 의사결정 할 수 있는 권한이 있음을 잘 알고 있다. •상급자가 나의 업무를 평가함에 있어 어떤 측면을 더 중요시하는지 잘 알고 있다. •나는 업무와 관련하여 교육받은 내용을 잘 알고 있다. •나는 고객이 원하는 서비스가 무엇인지 잘 알고 있다. •나는 우리 백화점의 사내규칙을 잘 알고 있다. •고객만족을 위하여 사내규칙을 벗어나 행동할 수 있는 정도를 잘 알고 있다. •나는 업무에 필요한 서류처리 방법을 잘 알고 있다. •나는 고객에 대한 최선의 서비스 제공방법을 잘 알고 있다. •나는 고객의 까다로운 요구사항을 처리하는 방법을 잘 알고 있다. •나의 업무실적에 대하여 상급자가 만족하는 정도를 잘 알고 있다. •나의 고객이 나의 업무수행에 대하여 만족하는 정도를 잘 알고 있다.	7점 척도

2. 직무기간

직무기간은 서비스 기업의 일선 종업원들에게 현재의 회사에 근무한 경력으로 시간의 길이를 의미한다. 따라서 직무기간을 서열척도로 조작화하여 명목척도로 전환하여 측정할 것이다.

3. 직무만족

직무만족은 Brown & Peterson(1993)이 만든 척도를 이용하여 전반적인 업무(봉급, 동료, 상급자 등)의 성질에 대한 만족 정도를 측정할 것이다. 본 연구에서 사용될 직무만족 척도는 아래의 <표 4-3>과 같다.

〈표 4-3〉 직무만족 척도

변 수		척 노
직무만족	•나는 내가 수행하고 있는 전반적인 업무에 대하여 만족하고 있다. •나는 상급자의 업무처리에 대하여 만족하고 있다. •내가 근무하는 백화점의 정책(경영정책)에 대하여 만족하고 있다. •고객서비스를 잘하면 승진이나 급여인상에 도움이 된다고 생각한다. •나는 동료사원들의 업무처리에 대하여 만족하고 있다.	7점 척도

4. 종업원의 고객지향성

종업원의 고객지향성이란 "기업 수준의 시장지향성에 영향을 받은 종업원이 직무만족으로 인하여, 목표(대상) 고객의 필요와 욕구를 파악하여 그 필요와 욕구를 경쟁자보다 잘 충족시킴으로써 경쟁우위를 창출하고자 하는 일선 종업원의 고객대면철학 또는 행위로써 고객의 만족과 이익을 제일 우선으로 하는 고객 접촉 종업원의 사고집합이다." 따라서 서비스 종업원 수준에서의 고객지향성은 고객이 서비스 제품을 구매하는 데 있어서 갖는 기대를 충족시켜 고객만족을 이끌어 내는 것이라 할 수 있다.

Saxe et al(1982)의 이전의 연구들을 종합하여 판매원의 고객지향적 태도 및 행위를 측정하기 위해 개발한 SOCO(Selling Orientation Customer Orientation)척도가 있지만 ① 변별력 상실의 문제, ② 판매원 고객지향성의 개념 영역 확장의 필요성 제기, ③ 판매원의 고객지향성의 구성요소 간의 독립성 부족과 구성요소 간의 중요도 및 차이도 무시성, ④ 판매원 고객지향성과 판매원 성과 간의 관계에 관한 예측타당성 검증에 있어 결과의 유의성이 높지 않으며, 양자의 관계를 조정하는 변수들에 대한 설명력 부족, ⑤ 판매원의 고객지향성 측정후, 그 결과에 대한 실무적 활용여부에 대한 의문성이 제기되고 있다. 또한 SOCO척도의 항목들은 인적 판매상황하에서의 거래적인 부분만을 강조하고 있기 때문이며, 고객지향적 판매에 요구되는 부가적 서비스나 고객배려 차원과 같은 인간관계적인 요소를 간과하고 있다.

따라서 본 연구에서는 이러한 한계점을 극복하기 위하여 Parasuraman et al(1988)이 개발한 SERVQUAL척도를 사용할 것이다.

SERVQUAL척도는 외부고객만족의 대상으로서 외부고객이 제품이나 서비스 구매 시 외부고객들의 서비스 질 측정뿐만 아니라 내부고객만족의 대상으로서 서비스 종업원들의 고객지향성 측정에도 사용될 수 있기 때문이다.

SERVQUAL척도가 내부고객만족의 대상으로서 종업원 수준의 고객지향성에 사용될 수 있는 이유는 서비스 인카운터에 있어서 서비스 종업원은 서비스 기업을 대표할 수 있는 내부고객이기 때문이다. 따라서 내부고객의 직무만족이 높으면 높을수록 서비스 인카운터에서 서비스 일선 종업원들은 대면하는 외부고객에게 서비스를 훌륭하게 생산 및 전달하여 고객만족을 이끌어 낼 수 있을 것으로 사료된다.

설문항은 Parasuraman et al(1988)이 고객의 서비스 질의 인식차원으로 제시한 5개 차원의 22개 문항 중 회사수준에서의 고객지향성과 관련된 문항을 제거하고, 서비스 특성과 관련하여 종업원 개인수준의 고객지향성을 묻는 형식으로 수정 및 보완하여 유형성·신뢰성·반응성·확신성·공감성의 5개 차원에 걸쳐 있는 각각의 문항을 7점 척도로 질문할 것이다.

⟨표 4-4⟩ SERVQUAL척도

	변 수	척 도
SERVQUAL	•나는 제품을 시각적으로 보기 좋게 진열하려고 노력한다. •나는 고객과 접촉할 때 용모와 옷차림을 단정히 하려고 노력한다. •나는 고객에게 전달되는 판촉물(포장물)을 정성스럽게 포장하려고 노력한다. •나는 한정된 (제품)진열공간을 쾌적한 분위기로 유지하려고 노력한다. •나는 고객과 정해진 시간 내에 서비스 제공을 약속하였다면 약속을 시키려 한다. •나는 고객에게 문제가 생겼을 때 관심을 보이고 해결해 주려고 노력한다. •나는 고객이 나를 믿고 의지할 수 있도록 노력한다. •나는 고객에 대한 업무 기록을 정확하게 유지하려고 노력한다. •나는 고객이 안심하고 거래할 수 있도록 노력한다. •나는 고객에게 예절과 공손을 갖추어 대하려고 노력한다. •나는 고객의 질문에 답변할 충분한 지식을 갖추기 위해 노력한다. •고객에게 언제 서비스를 제공할 것인지 구체적으로 말해주려는 것에 노력한다. •나는 고객을 자발적으로 도우려고 노력한다.	7점 척도

	변 수	척 도
SERVQUAL	•나는 아무리 바빠도 고객의 요구에 신속히 대응할 것이다. •나는 고객에게 개별적인 관심을 기울이려고 노력한다. •나는 고객의 필요와 욕구를 파악하려고 노력한다. •나는 고객의 이익을 진심으로 생각한다. •나는 고객의 구체적인 요구사항에 대하여 관심을 가지려고 노력한다.	7점 척도

제3절 연구설계: 표본구성 및 자료수집 방법

본 연구는 문헌연구를 통하여 이론적 연구모형을 설정하고, 이를 검증하기 위하여 백화점의 혼잡한 시간을 파악할 필요성이 있었다. 왜냐하면 혼잡한 시간대에 일선 종업원에게 설문지 작성을 의뢰하면 불성실한 설문지가 많이 발생할 것 같다는 주관적인 생각이 작용하였기 때문이다.

따라서 한산한 시간대를 파악할 필요가 있었다. 연구자는 5월 1일부터 5월 8일간 여러 백화점을 방문하면서 한산한 시간대를 파악할 수 있었다. 그 한산한 시간대는 아침 9시에서 10시 사이였다. 또한 백화점을 선택하는 데 있어서 단순무작위표본추출방법으로 백화점을 추출하기보다는 임의표본추출방법을 사용하였다. 그러나 임의표본추출방법으로 추출된 백화점에서 고객과 잦은 접촉을 하는 일선 종업원들을 추출하는 데 있어서는 단순무작위로 추출하여 설문지를 배포하여 회수하는 방법으로 하였다. 원래는 연구자가 직접 일선 종업원과 접촉하여 설문지를 배포 및 회수하는 대면수거방식을 선택하였다. 그러나 사전에 이러한 방식은 많은 문제점을 가지고 있었기에 설문지를 배포하기에 앞서 백화점의 관리층에게 협조공문서[1]를 보내고, 백화점 관리층이 설문지 내용을 검토한 후 어느 정도의 제한된 약속[2]을 하고 내부 관리층이 일선 종업원들을 대상으로 설문지를 배포 및 수거하는 방법으로 하였다.

5월 14일부터 5월 21일까지 임의로 추출된 3개의 백화점에 총 300부의 설문지를 배포하여 미회수된 설문지와 불성실한 설문지를 제외하고 196부의 설문지를 실증분석에 사용하였다.

---

1) 안녕하세요.
  저는 한양대에서 "서비스 종업원의 직무만족이 종업원의 고객지향성에 미치는 영향에 관한 연구"라는 주제로 경영학 석사학위논문을 준비하고 있는 대학원생 조성암입니다. 귀사에 메일을 올린 이유는 제가 논문 쓰는 데 필요한 자료를 구하기 위해서입니다. 제가 5월 8일부터 5월 15일 사이에 귀사에 방문하여 종업원들에게 설문지를 배포하여 대면 회수하려고 하는데 괜찮을는지 일단 궁금하고요, 그리고 배포시간은 손님이 거의 없을 (오전)9-10 사이에 방문하려 합니다. 만약 괜찮다면 저에게 이메일 또는 전화로 연락을 주었으면 합니다.
  ◈ 감사합니다. ◈ 실제로 백화점에 방문하여 설문지를 배포하고 회수한 날은 5월 14일부터 5월 21일 사이다.
2) 여기서 제한된 약속이란 백화점의 상호명을 사용하지 않기로 한 것이다.

제4절 실증분석

본 연구에서의 가설검증 분석모형은 아래의 <그림 4>와 같다.

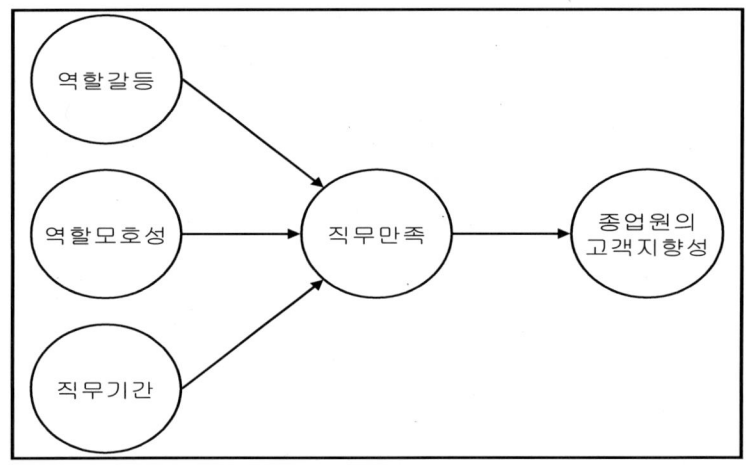

〈그림 4-1〉 연구 모형도

　가설을 실증적으로 검정하기 이전에 빈도분석을 실시하여 표본의 인구통계학적 특성을 파악하였다. 빈도분석 후에 설문지의 측정항목들이 가설검정에 적합한 자료인지를 검토하기 위하여 신뢰도와 타당성을 살펴보았다. 즉 수집된 자료가 얼마나 객관성을 가지고 있는지 파악하기 위한 일환으로 신뢰도와 타당성 분석을 수행하였다.

1. 표본의 인구통계학적 특성

〈표 4-5〉 일선 종업원의 연령

나 이	빈 도	비 율(%)	Cumulative 비율(%)
19-20	3	1.5	1.5
21-25	48	24.5	26.0
26-30	70	35.7	61.7
30-40	65	33.2	94.9
41세 이상	10	5.1	100.0
합 계	196	100.0	

연령을 기준으로 하였을 때, 보통 26세 이상~40세 미만인 경우가 판매직에 많이 근무하고 있는 것으로 나타났다.

〈표 4-6〉 일선 종업원의 성별

성 별	빈 도	비 율(%)	Cumulative 비율(%)
여 자	177	90.3	90.3
남 자	19	9.7	100.0
합 계	196	100.0	

어느 백화점에서나 쉽게 확인할 수 있듯이 여자 종업원이 남자 종업원보다 많음을 알 수 있다.

〈표 4-7〉 일선 종업원의 근무연수

근 무 연 수	빈 도	비 율(%)	Cumulative 비 율(%)
6개월 미만	16	8.2	8.2
6개월 이상~1년 미만	18	9.2	17.3
1년 이상~2년 미만	31	15.8	33.2
2년 이상~3년 미만	24	12.2	45.4
3년 이상~5년 미만	23	11.7	57.1
5년 이상	84	42.9	100.0
합 계	196	100.0	

판매직에 근무하는 종업원들의 근무연수를 기준으로 하였을 때, 5년 이상이 가장 많고, 1년 이상~2년 미만이 그 다음으로 많다.

2. 신뢰도

신뢰성을 검토하는 하나의 방법은 어떤 속성의 측정치가 어느 정도의 오차를 포함하는가 하는 입장에서이다. 측정치의 점수에 오차가 포함되어 있는 정도가 적으면 적을수록 그 측정치는 신뢰할 수 있게 된다.

신뢰도 분석은 동일한 개념을 독립된 측정 방법으로 측정한 경우 결과가 비슷하게 나타나야 한다는 것을 전제로 하고 있다. 신뢰도는 측정도구와 정확성이나 정밀성을 나타내는 것으로서 의존가능성, 안정성, 일치성, 예측가능성, 그리고 정확성과 동일한 의미를 갖는다.

일반적으로 신뢰도 측정방법으로는 평행 검증법(the parallel form method), 반복 측정법 혹은 검증 재검증법(test retest reliability), 대등한 도구를 사용한 측정법(alternative form reliability), 항목 이분법(split half), 내적 일관성(internal consistency method), Chronbach's α 등이 있다.

본 연구에서는 신뢰도의 측정을 위해 Chronbach's α계수를 이용한 내적 일관성(internal consistency method) 분석 방법을 검정에 사용하였다.

Nunnally(1978)에 의하면 일반적으로 Chronbach's α계수 값이 0.5 - 0.6 이상이면 신뢰도가 확보되었다고 언급하고 있다.

〈표 4-8〉 독립변수의 신뢰성

변　수	측정항목	Chronbach's α
역할 갈등	X1-X6	.5576
역할 모호성	X7-X18	.8722
직무만족	X19-X24	.7609

〈표 4-9〉 종속변수의 신뢰성

변　수	측정항목	Chronbach's α
종업원의 고객지향성	Y1-Y18	.9632

본 연구에서 사용된 각 변수에 대한 신뢰도는 .5576-.9632로 Nunnally(1978)가 언급한 측면에서 보았을 때 신뢰도가 충분히 확보되었다고 할 수 있다.

3. 타당성

하나의 척도가 개념규정에 적합하고 1차원적이며, 필요한 신뢰수준을 충족시키고 있다는 점이 확실하게 보증되면, 척도의 타당성을 평가해야 한다. 타당성(Validity)이란 하나의 척도가 일련의 측정치들이 문제의 개념을 정확하게 나타내고 있는 정도를 말한다. 타당성을 측정하는 데 가장 널리 수용되고 있는 타당성은 수렴 타당성(Convergent Validity)과 판별 타당성(Discriminant Validity)이다. 수렴 타당성은 동일한 개념을 두 가지로 측정하였을 때, 두 측정치의 상관관계 정도를 평가하는 것이고, 판별 타당성은 개념적으로 유사한 두 개의 개념이 어느 정도 명확하게 구별되는 정도를 의미한다.

타당성을 검정하는 방법에는 다속성다측정방법(Multi Trait Multi Method Matrix), 리즈렐(LISREL), 요인분석이 있다.

본 연구에서는 변수들의 타당성을 검정하기 위해 독립변수들의 항목을 대상으로 베리맥스 회전방법(Varimax Rotation Method)을 이용하여 요인분석을 실시하였다.

〈표 4-10〉 역할 갈등의 요인분석 결과(KMO: .724)

설문항목	Factor 1(역할과중)	Factor 2(회사기대)
X3(업무 외의 과다한 업무)	.725	.282
X2(많은 고객의 서비스 이용)	.694	.132
X1(할당된 일보다 많은 일)	.681	.403
X6(사내규칙의 융통성 적용)	.631	-.407
X5(서비스보다 판매 강조)	.191	.786
X4(실제 여가시간의 적음)	$9.409E-02$	.657

〈표 4-11〉 역할 모호성의 요인분석 결과(KMO: .894)

설문항목	Factor 1	Factor 2
X15(서비스 제공 노하우 앎)	.828	7.939E-02
X11(고객서비스 파악)	.779	.236
X16(요구사항의 합리적 처리)	.777	.142
X14(서류처리방법의 노하우)	.751	2.624E-02
X12(사내규칙의 잘 숙지함)	.750	.185
X10(업무관련 내용 잘 숙지)	.742	.234
X18(고객만족 정도 눈치파악)	.703	.248
X17(상급자 만족도를 잘 앎)	.693	.344
X8(의사결정의 융통성)	3.767E-02	.764
X7(도움부서의 숙지)	.125	.654
X13(사내규칙의 신축적 적용)	.179	.619
X9(상급자 평가측면을 잘 앎)	.489	.610

〈표 4-12〉 직무만족의 요인분석 결과(KMO: .731)

설문항목	Factor 1(업무환경만족)	Factor 2(인간관계만족)
X21(경영정책에 대한 만족)	.906	9.961E-02
X22(업무지원에 대한 만족)	.883	.126
X23(승진·급여에 대한 만족)	.626	.250
X19(전반 업무에 대한 만족)	-3.7E-02	.894
X20(상급자와의 만족)	.405	.571
X24(동료사원과의 만족)	.343	.502

　　KMO(Kaise-Meyer-Olkin) 측도는 변수쌍 간의 상관관계가 다른 변수에 의해 잘 설명되는 정도를 나타내는 것이므로 이 측도의 값이 적으면 요인분석을 위한 변수들의 선정이 좋지 못함을 나타낸다.

　　KMO의 값이 .90이면 상당히 좋은 것이며 .80 이상이면 꽤 좋은 것이며 .70 이상이면 적당한 것이며 .60 이상이면 평범한 것이며 .50

이상이면 바람직하지 못한 것이며, 그리고 .50 미만이면 받아들일
수 없는 것으로 판정한다(정충영·최이규, 1999: 187).

〈표 4-13〉 종업원의 고객지향성의 요인분석 결과(KMO: .944)

설문항목	Factor 1(공감성)	Factor 2(유형성)
Y13(자발적으로 고객도움)	.821	.177
Y18(구체적 요구사항 관심)	.814	.303
Y14(고객요구의 신속한 대응)	.812	.340
Y17(고객이익 중심사고)	.781	.256
Y16(고객 필요와 욕구 파악)	.767	.386
Y15(개별적인 관심 부여)	.762	.257
Y12(서비스 제공여부 언급)	.761	.360
Y11(충분한 지식소유노력)	.624	.531
Y8(정확한 업무기록유지)	.579	.554
Y2(용모와 옷차림 단정)	.191	.861
Y1(제품의 시각적 진열)	.185	.842
Y3(판촉물·포장물 포장)	.205	.787
Y4(쾌적한 분위기 유지)	.378	.737
Y5(약속한 서비스 제공)	.450	.726
Y9(안전한 거래 제공)	.500	.694
Y6(문제에 관한 공동고심)	.511	.665
Y7(고객에게 의지력 부여)	.588	.645
Y10(예의 있는 처신)	.572	.638

본 연구에서 사용되는 각 변수들의 요인분석 결과로 KMO값을 보
면, 전체적으로 KMO값이 .70 이상을 상회하고 있으므로 변수쌍 간
의 상관관계가 다른 변수에 의해 잘 설명되고 있음을 알 수 있다.

4. 가설검정

　서비스 종업원의 직무만족이 종업원의 고객지향성에 미치는 영향에 대한 가설을 검정하기 위해 단순·다중회귀분석과 분산분석을 실시하였다.

　변수의 특성과 분석상의 용이성을 확보하기 위하여 각 독립변수와 종속변수의 평균값을 사용하여 <표 4-14>는 다중회귀분석을 사용하였고, <표 4-15>는 단순회귀분석을 사용하였다.

〈표 4-14〉 역할 갈등·역할 모호성이 직무만족에 미치는 영향

종속변수	독립변수	BETA	t 값	유의확률	
직무만족	상　수		5.313	.000	<p = .05
	역할 갈등	-.025	-.337	.736	
	역할 모호성	.227	3.093	.002	

　가설1과 2를 검정하기 위하여 역할 갈등과 역할 모호성의 항목들을 평균하여 독립변수로 지정하였고, 직무만족의 평균을 종속변수로 지정하여 나중회귀분석을 실시하였다.

　"H1: 서비스 종업원의 역할 갈등은 서비스 종업원의 직무만족에 부정적인 영향을 미칠 것이다."라는 연구가설은 서비스 종업원의 역할 갈등이 서비스 종업원의 직무만족에 부정적인 영향(BETA: -.025)을 미치지만, p값이 통계적으로 유의하지 않아(.736) 채택되지 못하였다.

　"H2: 서비스 종업원의 역할 모호성은 서비스 종업원의 직무만족에 부정적인 영향을 미칠 것이다."라는 연구가설은 p 값은 통계적으로 유의하였으나(.002 < p = .05), 서비스 종업원의 역할 모호성이 서비스 종업원의 직무만족에 긍정적인 영향(BETA: .227)을 미치고 있었기에 채택되지 못하였다.

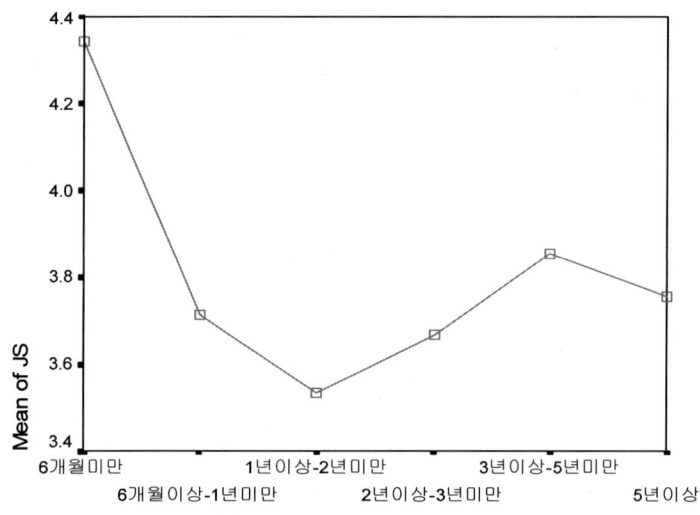

Z3: 귀하의 근무년수는

〈그림 4-2〉 직무기간이 직무만족에 미치는 영향

　"H3: 서비스 종업원의 직무기간이 길수록 서비스 종업원의 직무만족에 긍정적인 영향을 미칠 것이다."라는 가설은 집단 간의 평균에 차이가 없어서 채택되지 못하였다.

〈표 4-15〉 **직무만족이 고객지향성에 미치는 영향**

종속변수	독립변수	BETA	t 값	유의확률	
종업원의 고객지향성	상 수		20.927	.000	< p = .05
	직무만족	.261	3.764	.000	

가설 4를 검정하기 위하여 직무만족의 평균을 독립변수로 지정하였고, 종업원의 고객지향성 평균을 종속변수로 지정하여 단순회귀분석을 실시하였다.

"H4: 서비스 종업원의 직무만족은 종업원의 고객지향성에 영향을 미칠 것이다."라는 연구가설은 p 값이 통계적으로 유의하였고(.000 < p =.05), 서비스 종업원의 직무만족이 종업원의 고객지향성에 영향을 미치고 있었기에 채택되었다.

가설 4가 채택되었기에 추가적으로 <표 4-13>의 종업원의 고객지향성 요인분석 결과를 가지고 각각 단순회귀분석을 실시하였다.

〈표 4-16〉 **직무만족이 공감성 차원·유형성 차원에 미치는 영향**

종속변수	독립변수	BETA	t 값	유의확률	
공감성 R: .247 R^2: .061	직무만족	.247	3.546	.000	< p = .05
유형성 R: .247 R^2: .061		.247	3.550	.000	

단순회귀분석결과는 <표 4-16>과 같이 공감성 차원과 유형성 차원 모두 통계적으로 유의하였고(.000 < p =.05), 종업원의 직무만족이

종업원의 공감성 차원(BETA: .247)과 유형성 차원(BETA: .247)에
긍정적인 영향을 주고 있다.

　이와 유사한 연구로 남관우는 보험 설계사를 대상으로 수집한 고
객지향성 항목을 요인분석하였는데, 요인분석 결과 3가지 차원(신뢰
성, 공감성, 반응성)으로 구분되었다.

제 5 장

결 론

1. 연구의 요약 및 비평

본 연구는 역할 갈등, 역할 모호성이 종업원들의 직무만족에 어떠한 영향을 미치는지, 그리고 종업원의 직무만족이 종업원의 고객지향성에 어떠한 영향을 미치는지 알아보고자 고객과 잦은 접촉이 발생하는 혼잡한 서비스 환경에서 근무하는 일선 종업원(판매원)들로부터 자료를 수집하여 실증분석을 수행하였다.

실증분석 결과를 요약하면 다음과 같다.

첫째로 서비스 종업원들의 역할 갈등은 직무만족에 부정적인 영향을 미치고 있었지만, 통계적으로 유의적이지 못하여 채택되지 못하였다. 반면에 채미경은 종업원의 역할 갈등이 종업원의 직무만족에 부정적인 영향을 주고 있음을 밝혔다(채미경, 2000: 72).

둘째로 서비스 종업원들의 역할 모호성은 통계적으로 유의적이었지만, 직무만족에 부정적인 영향보다는 긍정적인 영향을 미치고 있었기에 채택되지 못하였다. 반면에 채미경은 종업원의 역할 모호성이 직무만족에 부정적인 영향을 주고 있다고 실증적으로 밝혔다(채미경, 2000: 72).

본 연구에서 나타난 결과에 의하면 어느 정도의 역할 모호성은 직무만족에 긍정적인 영향을 미칠 수 있기 때문에, 서비스 기업은 일선 종업원의 직무만족을 위해 역할 모호성을 임의로 발생시키는 경영정책을 구사할 필요성이 있다.

첫째와 둘째에 나타난 채미경의 결과와 본 연구의 결과가 다른 이유는 설문지 수거방식(연구자의 직접수거방식·인사부서의 간접수거방식)과 설문대상 수(數) 때문에 결과가 상이하게 나타난 것으로 예상된다. 채미경의 경우는 2개의 은행과 2개의 백화점을 선정하여 각각 100부(총 200부)의 설문지를 직접 배포 및 회수하여 분석하였다. 반면에 본 연구자는 전문가의 자문을 얻어 번화한 위성도시에 위치하고 있는 백화점을 임의로 선정하여, 임의로 선정된 백화점의 일선 종업원들에게 연구의 대표성을 높이기 위해서 판매직에 한하여 단순무작위추출방법을 사용하여 연구의 목적을 설명하고 설문지를 배포하고 회수할 계획이었다. 그러나 이러한 설문지 배포와 관련하여 백화점 내부 직원의 충고에 의하면 근무시간에 있는 일선 종업원들은 설문지에 응하지 않도록 교육받았다는 것이다.

이러한 교육을 받은 일선 종업원들에게 설문지를 배포하여 설문내용을 작성하게 한 후 설문지를 회수하였을 경우 연구결과의 대표성이 저해될 것은 당연한 것이었다. 따라서 대표성 있는 연구를 수행하기 위하여 백화점 인사조직부서 관리자의 도움을 얻어야 했다. 백화점 인사조직부서의 관리자에게 연구협조공문을 이메일로 발송하였고, 연구 설문지의 사전검사를 받았다. 사전검사가 있은 후 인사조직부서의 관리자가 일선 종업원(고객과의 잦은 접촉이 많은 판매직)을 대상으로 설문지를 배포 및 회수하여 주겠다고 하였다. 다시 말해서 백화점 내에서 점포를 빌려 제품을 판매하는 판매원(이를테면 헌트, 메이폴 등)은 제외된 순수하게 백화점의 이미지를 내걸고 근무하는 종업원에 한해서 설문이 이루어진 것이다. 이러한 절차를 밟아서 얻어진 설문지는 총 300부에서 미회수된 설문지와 불성실한 설문지를 제외한 나머지 196부가 실증분석에 사용되었기에 연구의 대표성이 높으리라 예상된다.

셋째로 서비스 종업원의 직무기간이 길수록 서비스 종업원의 직무 만족에 긍정적인 영향을 미칠 것이라는 가설은 채택되지 못하였다. 반면에 남관우는 종업원의 직무기간이 길수록 종업원의 직무만족도 는 커진다고 실증적으로 분석하였다. 직무기간과 직무만족에 관한 연구가 과연 필요한지에 대해 의견이 분분하다. 직무기간과 직무만 족에 관한 불(不)필요성을 제기하는 공통된 입장은 ① 서비스 종업 원이 진정으로 직무에 만족해서 직무기간을 연장하여 현업(판매직) 에 종사하고 있는지, ② 다른 곳으로 갈 직장이 없어서 현업에 종사 하고 있는지, ③ 나이도 차고 배운 것은 서비스 판매밖에 없어서 자 신 스스로가 직무만족에 몰입하게끔 서비스 판매직에 남아 있는지 등등 무엇이 원인이고 무엇이 결과인지를 정교하게 분석하지 못하기 때문에 직무기간과 직무만족에 관한 연구가 불필요하다고 제기하고 있다. 그러나 본 연구자는 이직 적령기를 고려하여 직무기간과 직무 만족에 관한 연구상의 한계점에도 불구하고 세 번째 가설을 세우게 되었다.

<그림 4-2>에서 보듯이 일선 종업원이 신입 사원일 때와 직무기 간이 평균 4년차인 사원일 때 직무에 만족하고 있는 듯하다. 재미있 는 사실은 신입 사원으로 시작하여 근무연수가 평균 1년 6개월 정 도까지 직무에 대한 만족이 서서히 감소하고 있다는 것이며, 평균 1 년 6개월이 지나면서 다시 직무만족이 증가하고 있다는 것이다. 이 러한 사실을 고려하여 여성사원의 이직 적령기와 다양한 변수를 연 관시켜 종합적인 연구를 해 볼 필요성이 있으며, 서비스 기업 측은 다양한 보상제도와 복지제도를 입안하여 신입사원과 1년 6개월 경계 에 있는 사원들을 대상으로 직무에 만족하게끔 지속적으로 내부 마

케팅을 실시할 필요성이 있다.

넷째로 서비스 종업원의 직무만족은 고객지향성에 유의적인 영향을 미치고 있었다. 이는 결과적으로 직무에 만족한 종업원들은 고객에게 보이지 않는 서비스를 가시적으로 보여주려고 노력하며, 고객의 필요와 욕구를 파악하기 위해 공감대를 형성한다는 것이다.

남관우는 보험 설계사를 대상으로 고객지향성 변수를 요인분석 하였는데, 그 결과 고객지향성은 신뢰성·반응성·고객배려(공감성) 차원으로 구분되었다. 그러나 본 연구에서는 백화점에서 근무하는 판매직 일선 종업원들을 대상으로 고객지향성 변수를 요인분석한바, 요인분석 결과 공감성 차원과 유형성 차원으로 구분되었다.

남관우의 연구에서 고객지향성의 차원이 신뢰성·반응성(응답성)·고객배려(공감성)로 구분된 이유는 보험 서비스를 제공하는 보험 설계사로 고객이 찾아와서 서비스나 제품을 구매하는 측면보다는 보험 설계사가 직접 고객들을 찾아다니면서 설득하는 측면이 강하기 때문이다. 이는 고객지향성의 개념보다는 거래지향적인 시장지향성(기업 수준의 고객지향성)의 개념에 가깝다고 할 수 있다. 그리고 보험 설계사는 고객의 확보마다 수당이 오르기 때문에 고객 대면 시 서비스에 각별히 신경쓰는 것은 당연하다. 고객의 입장에서 고객은 무엇보다도 보험 설계사의 신뢰성을 바탕으로 보험계약을 할 것이다. 보험계약이 끝난 후 장기관계구축의 일환으로서 보험 설계사가 고객에게 신속하게 반응하고 고객에게 공감성을 가지는 것은 당연한 것이다.

본 연구에서는 기존의 연구에서 언급된 보험 설계사와 다른 환경에 근무하는 경우이다. 다시 말해서 고객이 매장을 방문하여 종업원을 접촉하는 경우이므로 고객이 처음 일선 종업원과 마주쳤을 때, 고객이 그 매장 종업원으로부터 느낄 수 있는 첫인상과 기업의 이미지는 매장의 쾌적한 환경, 종업원의 깔끔한 제복, 그리고 진심으로 고객에게 보이지 않는 서비스를 제공받고 있다는 느낌일 것이다. 이러한 느낌을 제공할 수 있는 종업원은 아마도 직무에 만족한 종업원이 아닌가 한다.

직무에 만족한 종업원은 고객과의 잦은 대면접촉에 대비하여 고객에게 첫인상을 좋게 남기려고 노력하고, 고객이 진정한 필요와 욕구가 무엇인지와 관련하여 일선 종업원이 고객과 공감대를 형성한다는 것으로 해석할 수 있다.

따라서 서비스 기업의 경영자는 이러한 점을 고려하여 일선 종업원을 대상으로 지속적인 내부 마케팅을 실시하여 직무에 만족할 수 있게끔 해야 한다. 이는 곧 일선 종업원이 고객에게 강렬한 첫인상을 남기게 되어 기업이 바라는 시장지향성과 곧바로 연결될 것으로 사료된다.

2. 한계점

본 연구의 한계점은 다음과 같다.

첫 번째 자기평가에서 나타나는 변수측정상의 문제점이다.

자기평가(self reported)에 의한 변수측정은 일선 종업원에 의해서 편기(bias)가 발생될 소지가 있다. 왜냐하면 고객지향성 항목에 대해서 일선 종업원들이 윤리적인 문제와 기업의 이미지를 고려하여 자신들을 좀더 고객지향적인 것으로 판단하여 각 항목에 편기하였을 경우도 가능하기 때문이다. 그리고 백화점 중간 관리자의 말씀에 의하면

관리자와 판매직 사원 간에 보이지 않는 긴장감이나 마찰이 있기 때문에, 연구자를 대신하여 관리자가 설문지를 배포하였기에 그러한 긴장감과 마찰이 고스란히 설문지에 옮겨졌을 가능성이 있기에 편기가 있을 것으로 생각된다.

이러한 편기는 모형의 신뢰성과 회귀식의 유의성에 어느 정도 영향이 있을 것으로 판단된다.

두 번째 연구모형의 단순함에서 나타나는 문제점이다.

본 연구에서는 종업원 개인 수준의 고객지향성과 성과와의 관계를 이론적으로나 실증적으로나 분석하지 못하였다. 따라서 향후 연구에서는 서비스 종업원들의 고객지향성과 성과와의 관계, 특히 결과기준에 의한 성과보다 행위기준에 의한 성과와의 관계를 규명할 필요가 있으므로 연구모형을 확장하여 분석할 필요가 있다.

세 번째 연구가설의 분석상에서 나타나는 문제점이다.

본 연구에서는 독립변수와 종속변수와의 관계만을 분석하였을 뿐 변수들 간의 상호작용 효과를 분석하지 못한 한계점이 있다. 또한 연구모형이 전반적으로 타당한지 LISREL을 활용하여 모형의 타당성을 살펴볼 필요성이 있다.

네 번째 비록 외적 타당성을 높이기 위해 나름대로 노력하였지만, 한 영역의 서비스 종업원을 대상으로 분석한 수준이기 때문에, 향후 다른 서비스 영역과 비교하여 연구할 필요성이 있다.

다섯 번째 설문지를 정교하게 만들지 못한 것 같다. 이를테면 설문항목에 있는 "귀하의 근무연수는?"이다. 일선 종업원들이 이러한 애매모호한 설문항을 읽었을 때, 과연 백화점 내에서 전반적으로 근무한 기간을 의미하는 것인지 아니면 판매직에서 근무한 기간을 의미하는 것인지에 따라 자의적으로 해석하였을 가능성이 크기에 결과

치가 달라졌을 수도 있다.

따라서 신뢰성을 좀더 높게 확보하기 위한 설문항의 정교한 테크닉이 필요하다.

마지막으로 통계패키지의 장점을 살리지 못하였다. 일반적으로 SPSS는 SAS나 LISREL이 활용할 수 없는 Missing(결측치)를 포함하여 분석할 수 있는 기능을 가지고 있다.[1] 본 연구에서는 그러한 기능을 고려하지 못한 나머지 Missing(결측치)를 제외시키고 실증분석 하였다. 향후 이와 같이 비슷한 연구가 수행될 경우, (Missing)결측치를 포함하여 분석한 결과와 Missing(결측치)를 제외한 결과를 비교하여 좀더 정확한 방법론을 선택하여 연구에 임할 필요성이 있다.

---

1) 김두섭·강남준, 「회귀분석」(서울: 나남출판, 2000), 38-45면.

【참고문헌】

1. 국내문헌

구능회(1986), "우리나라 은행원의 직무만족에 관한 실증적 연구: 시중
　　　은행을 중심으로",「석사학위논문」서울: 한양대학교 경영대학원.
김두섭·강남준(2000),「회귀분석」서울: 나남출판.
남관우(1997), "서비스 종업원의 요인이 고객지향성에 미치는 영향에 관
　　　한 연구",「석사학위논문」서울: 연세대학교 대학원 경영학과.
박강수·김형순·김영태(2000),「호텔·외식·관광 마케팅」서울: 도서
　　　출판 석정.
박성엽(1997), "종업원 만족이 종업원의 고객지향성에 미치는 영향에 관
　　　한 연구",「석사학위논문」서울: 서울대학교 대학원 경영학과.
박정식·윤영선(1999),「현대통계학」서울: 다산출판사.
박찬욱(2000),「데이터베이스 마케팅」서울: 연암사.
백운배·윤만희, "서비스 접점에서의 고객 참여에 관한 연구",「사회과
　　　학연구」대구: 대구대학교, 제3집 제2호, 241－258면.
신유근(1991),「조직행동론」서울: 다산출판사.
이유재(2000),「서비스 마케팅」서울: 학현사.
이훈구(1998),「사회심리학」서울: 법문사.
이학식(1997), "지각된 서비스 품질의 결정과정: 판단이론적 시각",「경
　　　영학연구」한국경영학회, 제26권 제1호, 139－154면.
이학식·현용진(1999),「마케팅」서울: 법문사.
여운승(1995),「마케팅관리」서울: 민영사.

유명우(1990), "동기부여와 직무만족에 관한 연구", 「석사학위논문」
    서울: 고려대학교 대학원 경영학과.

유필화·박대현·곽영식(1996), "판매원의 고객지향지수 개발 및 판매원
    성과와의 상관관계 분석", 「소비자학연구」 한국소비자학회, 제7
    권 제2호, 59-85면.

윤재호(1998), "기업의 시장지향성이 종업원의 고객지향성에 미치는 영향
    에 관한 연구", 「석사학위논문」 서울: 국민대학교 대학원 경영학과.

정충영·최이규(1999), 「SPSSWIN을 이용한 통계분석: 제3판」 서울: 무역
    경영사.

채미경(2000), "서비스 종업원의 태도 및 행동 반응이 서비스 충성도에
    미치는 영향에 관한 연구", 「석사학위논문」 충남: 충남대학교 대
    학원 경영학과.

홍성태(1999), 「소비자 심리의 이해」 서울: 나남출판.

2. 국외문헌

Adams J. S(1963), "Toward on Understanding of Inequity", *Journal of Abnormal and Social Psychology*, Vol.67, pp.422-436.

Albanese, R. and Van Fleet, D. D(1983), *Organization Behavior: A Managerial Viewpoint*, p.244.

Bitner, M., B. Booms and M. Tetreault(1990), "The Service Encounter: Diagnosing Favorable and Unfavorable Incidents", *Journal of marketing*, Vol.54(January), pp.71-84.

Bitner(1992), "Servicescape: The Impact of Physical Surroundings on Customers and Employees", *Journal of Marketing*, Vol.56(April), pp.57-71.

Bitner, and Mattew L. Meuter(2000), "Technology Infusion in Service

Encounters", *Journal of the Academy of Marketing Science*, Vol.28(1), pp.138 – 149.

Bitner(1990), "Evaluating Service Encounters: The Effects of Physical Surrounding and Employee Responses", *Journal of Marketing*, Vol.54 (April), pp.69 – 82.

Blake, R. R. and J. S. Mouton(1970), *The Grid for Sales Excellence*, New York, McGraw Hill Book Co.

Brown, S. P. and R. A. Peterson(1993), "Antecedents and Consequences of Salesperson Job Satisfaction: Meta – Analysis and Assessment of Causal Effect", *Journal of marketing Research*, 30(February), pp.63 – 77.

Buzzota, V. R., R. E. Lefton, and M. Sherberg(1972), *Effective Selling Through Psychology*, New york, John Wiley and Sons, Inc.

Chonko, Lawrence B., Roy D. Howell, and Danny N. Bellenger(1986), "Congruence in Sales Force Evaluations: Relationto Sales Force Perceptions of Conflict and Ambiguity", *Journal to personal Selling and Sales Management*, 6(May), pp.35 – 48.

Churchill G. A. Jr., N. M. Ford, and Orville C. Walker, Jr(1976), "Organizational Climate and Job Satisfaction in the Salesforce", *Journal of Marketing Research*, November, pp.323 – 332.

Crosby, Lawrence A., Kenneth R. Evans, and Deborah Cowles(1990), "Relationship Quality in Service Selling: An Interpersonal Influence Perspective", *Journal of Marketing*, 54(July), pp.68 – 81.

Daniel and Jaffrey(1996), "A Model of Financial Securities Salesperson's Job Stress", *Journal of Service Marketing*, Vol.10, pp.21 – 38.

Deshpande, R., J. U. Farley and F. E. Webster, Jr(1993), "Coporate Culture, Customer Orientation, and Innovativeness in Japan Firms: A Quadrad Analysis", *Journal of Marketing*, 57(January), pp.23 – 37.

Edvardsson, B., G. Larsson, and S. Setterlind(1997), "Internal Service

Quality and the Psychological Work Environment: An Empirical Analysis of Conceptual Interrelation", *The Service Industries journal*, Vol.17, No.2(April), pp.252−263.

Engel, J. F., Blackwell, Roger D., and Kollat, David T(1978), *Consumer Behavior*, 3rd ed, The Dryden Press.

Gilmer B. H(1966), *Industrial Psychology*, 2nd ed, Tokyo, McGraw Hill Kogakusha, pp.216−220.

Gwinner, R(1968), "Base Theory in the Formulation of Sales Strategy", *MSU Business Topics*, Vol.16(Autumn), pp.37−44.

Herzberg, F., Mausner, B. and Snyderman, B(1959), *The Motivation to Work*, New York, John Wiley and Sons, pp.52−89.

Herzberg, F(1966), *Work and The Nature of Man*, Cleveland, Ohio, World Publishing Co, pp.130−131.

Hoffman K. Douglas, and Thomas N. Ingram(1991), "Creating Customer Oriented Employees: The Case in Home Health Care", *Journal of HealthCare Marketing*, Vol.11, No.2(June), pp.24−32.

Hoffman K. Douglas, and Thomas N. Ingram(1992), "Service provider Job Satisfaction and Customer Oriented Performance" *Journal of Service Marketing*, Vol.6(Spring), pp.69−78.

Jagdip singh(1993), "Roundary Role Ambiguity: Facets, Determinants and Impacts", *Journal of Marketing*, Vol.57(April), pp.11−31.

Jurgenson, C. E(1978), "Job Performance: What make a Job Good or Bad?" *Journal of Applied Psychology*, Vol.63, No.3, pp.267−276.

Kohli, Ajay k., Bernard J. Jaworski and Ajith kumar(1993), "MARKOR: A Measure of Market Orientation", *Journal of Marketing Research*, 30(November), pp.467−477.

Kohli, Ajay k. and Bernard J. Jaworski(1990), "Market Orientation: The Construct, Research Propositions and Management Implications", *Journal of Marketing*, 54(April), pp.1−18.

Kotler P(1994), *Marketing Management: Analysis, Planning, Implementation, and Control*, 8th, Prentic Hall.

Kurtz, D. L., H. R. Dodge, and J. E. Klompmaker(1976), *Professional Selling*, Dallas, Business Publication Inc.

Locke, E. A(1976), "The Nature and Cause of Job Satisfaction", In M. D. Dunnette ed, *Handbook of Industrial and Organizational Psychology*, Chicago, Rand Mcnally College Publishing Company.

McCormick, E. J., and Ilgen, D(1980), *Industrial Psychology*, 7th ed, Englewood Cliffs, Prentice Hall, pp.303 − 308.

Michaels, Ronard E. and Ralph L. day(1985), "Measuring Customer Orientation of Salespeople: A Replication with Industrial Buyers", *Journal of Marketing Research*, November, pp.443 − 446.

Myers, M. S(1964), "Who are your Motivated workers?" *Harvard Business Review*, Vol.42, No.1(Feb − Feb), pp.73 − 88.

Narver, John C and Stanley F. Slater(1990), "The Effect of Market Orientation on Business Profitability", *Journal of Marketing*, 54(October), pp.20 − 35.

Narver, John C and Stanley F. Slater(1994), "Does Competitive Environment Moderate the Market Orientation Performance Relationship?" *Journal of Marketing*, 58(January), pp.46 − 55.

O'Hara, Bradely S., James S. Boles, and Mark W. Johnston(1991), "The Influence of Personal Variables on Salesperson Selling Orientation", *Journal of Personal Selling and Sales Management*, Vol.XI, No.1 (Winter), pp.61 − 67.

Oliver, Richard L(1980), "A Cognitive Model of the Antecedents and Consequences of Satisfaction Decisions", *Journal of Marketing Research*, 17(November), pp.460 − 469.

Organ(1973), "An Evaluation of Causal Models Linking Perceived Role and Job Satisfaction", *Administrative Science Quarterly*, March, pp.95－103.

Osborn, R. N., Schedrmehtorn, J. R. Jr., Hunt J. G(1972), *Managing Organizational Behavior*, New York, John Wiley and Sons.

Parasuraman, A., Leonard Berry, and Valarie A. Zeithaml(1988), "SERVQUAL: A Multiple Item Scale for Measuring Consumer Perceptions of Service Quality" *Journal of Retailing*, 64(Spring), pp.12－40.

Porter, E., and Steers, R. M(1983), *Motivation and Work Behavior*, 3rd ed, New York, McGraw Hill.

Reiser, C(1962), "The Salesman Isn't Dead－He's Different", *Fortune*, Vol.66, No.5, pp.124－127.

Rust, R. T., G. L. Stewart, H. Miller, and D. Pielack(1996), "The Satisfaction and retention of frontline employees", *International Journal of Service Industry Management*, Vol.7, pp.62－80.

Saxe, Robert and Barton A. Weitz(1982), "The SOCO Scale: A Measure of the Customer Orientation of Salespeople", *Journal of Marketing Research*, August, pp.343－351.

Schlesinger, L. A. and J. Zornitsky(1992), "Job Satisfaction, Service Capability, and Customer Satisfaction: An Examination of Linkage and Management Implications", *Human Resource Planning*, Vol.14(2), pp.141－149.

Schneider, B, and D. E. Bowen(1993), "The Service Organization: Human Resources Management is Crucial", *Organizational Dynamics*, Vol.21(Spring), Iss(4), pp.39－52.

Siguaw, Brown, and Widing Ⅱ(1994), "The Influence of the Market Orientation of the Firm on Sales Force Behavior and Attitudes", *Journal of Marketing Research*, 31(February). pp.106－116.

Smith, H. C(1995), *Psychology of Industrial Behavior*, New York, McGraw Hill.

Spiro, R. L. and W. D. Perreault, Jr(1979), "Influence use by Industrial

Salesman: Influence Strategy Mixes and Situational Determinants",
Journal of Business, Vol.52(July), pp.435 — 455.

Strong, E. K. Jr(1925), "Theories of Selling", *Journal of Applied
Psychology*, Vol.9(January), pp.75 — 86.

Tiffin, J., and McCormick, E. J(1974), *Industrial Psychology*, 6th ed,
Englewood Cliffs, Prentice Hall.

Vroom, V(1964), *Work and Motivation*, New York, John Wiley and
Sons, pp.99 — 187.

Walker, Orville C., Jr., G. A. Churchill, Jr., and N. M. Ford(1975),
"Organizational Determinants of the Industrial Salesman's Role
Conflict and Ambiguity", *Journal of Marketing*, 39(January),
pp.32 — 39.

Williams, M. Roy(1992), "Organizational Culture As a Predictor of The
Level of Salesperson's Customer Oriented Behavior", *Doctoral
Dissertation*, Oklahoma State Univ.

【부 록】

안녕하십니까?

바쁘신 가운데 본 설문조사에 응해 주셔서 대단히 감사합니다.

저는 한양대학교 대학원 경영학 석사과정에 재학 중인 학생으로 이번에 "서비스 종업원의 직무만족이 종업원의 고객지향성에 미치는 영향에 관한 연구" 라는 주제를 가지고 석사학위논문을 준비하고 있습니다.

귀하의 응답 내용은 모두 무기명으로 처리되며 본 연구의 학문적 목적 이외에 다른 용도로는 사용되지 않을 것입니다.

다시 한 번 본 연구에 협조해 주셔서 감사합니다.

지도교수: 한양대학교 경영대학 경영학부 교수 김성호

연 구 자: 한양대학교 대학원 경영학과 석사과정 조성암

연 락 처: 010-6779-7783

(e-mail: sungamcho.empal.com)

◆ 다음은 귀하의 업무수행과 관련된 문항입니다. 각 항목에 대하여 귀하의 생각과 가장 일치하는 수(數)에 표시하여(√ 혹은 ○)주십시오.

	전혀 그렇지 않다↔매우 그렇다						
	1	2	3	4	5	6	7
1. 나는 주어진 업무량보다 더 많은 일을 하고 있다.							
2. 내가 예상한 고객의 수보다 실제로 서비스를 이용한 고객의 수가 더 많다.							
3. 내가 생각한 업무외적인 일의 양보다 실제로 수행한 업무외적인 일의 양이 많다.							
4. 내가 실제로 사용한 여가 시간량은 규정된 여가 시간량보다 적다.							
5. 우리 백화점은 판매를 너무 강조해 고객에게 적절한 서비스를 제공하기 어렵다.							
6. 나는 고객만족을 위해 사내규칙을 융통성 있게 적용한다고 생각한다.							
7. 나는 업무에 필요한 도움을 받을 수 있는 부서를 잘 알고 있다.							
8. 상급자의 허락 없이 의사결정할 수 있는 권한이 있음을 잘 알고 있다.							
9. 상급자가 나의 업무를 평가함에 있어 어떤 측면을 더 중요시하는지 잘 알고 있다.							
10. 나는 업무와 관련하여 교육받은 내용을 잘 알고 있다.							
11. 나는 고객이 원하는 서비스가 무엇인지 잘 알고 있다.							
12. 나는 우리 백화점의 사내규칙을 잘 알고 있다.							
13. 고객만족을 위하여 사내규칙을 벗어나 행동할 수 있는 정도를 잘 알고 있다.							
14. 나는 업무에 필요한 서류처리 방법을 잘 알고 있다.							
15. 나는 고객에 대한 최선의 서비스 제공 방법을 잘 알고 있다.							

	전혀 그렇지 않다 ↔ 매우 그렇다						
	1	2	3	4	5	6	7
16. 나는 고객의 까다로운 요구사항을 처리하는 방법을 잘 알고 있다.							
17. 나의 업무실적에 대하여 상급자가 만족하는 정도를 잘 알고 있다.							
18. 나의 고객이 나의 업무수행에 대하여 만족하는 정도를 잘 알고 있다.							
19. 나는 내가 수행하고 있는 전반적인 업무에 대하여 만족하고 있다.							
20. 나는 상급자의 업무처리에 대하여 만족하고 있다.							
21. 내가 근무하는 백화점의 정책(경영정책)에 대하여 만족하고 있다.							
22. 내가 근무하는 백화점의 업무지원에 대하어 만족하고 있다.							
23. 고객서비스를 잘하면 승진이나 급여인상에 도움이 된다고 생각한다.							
24. 나는 동료사원들의 업무처리에 대하여 만족하고 있다.							

◆ 다음의 항목에 대해 귀하께서 평소에 어느 정도로 노력하고 계시는지를 가장 잘 나타내 준다고 생각되는 수(數)에 표시하여(√ 혹은 ○)주십시오.

	전혀 그렇지 않다 ↔ 매우 그렇다						
	1	2	3	4	5	6	7
1. 나는 제품을 시각적으로 보기 좋게 진열하려고 노력한다.							
2. 나는 고객과 접촉할 때 용모와 옷차림을 단정히 하려고 노력한다.							
3. 나는 고객에게 전달되는 판촉물(포장물)을 정성스럽게 포장하려고 노력한다.							

	전혀 그렇지 않다↔매우 그렇다						
	1	2	3	4	5	6	7
4. 나는 한정된 (제품)진열공간을 쾌적한 분위기로 유지하려고 노력한다.							
5. 나는 고객과 정해진 시간 내에 서비스 제공을 약속하였다면 약속을 지키려 한다.							
6. 나는 고객에게 문제가 생겼을 때 관심을 보이고 해결해 주려고 노력한다.							
7. 나는 고객이 나를 믿고 의지할 수 있도록 노력한다.							
8. 나는 고객에 대한 업무 기록을 정확하게 유지하려고 노력한다.							
9. 나는 고객이 안심하고 거래할 수 있도록 노력한다.							
10. 나는 고객에게 예절과 공손을 갖추어 대하려고 노력한다.							
11. 나는 고객의 질문에 답변할 충분한 지식을 갖추기 위해 노력한다.							
12. 고객에게 언제 서비스를 제공할 것인지 구체적으로 말해주려는 것에 노력한다.							
13. 나는 고객을 자발적으로 도우려고 노력한다.							
14. 나는 아무리 바빠도 고객의 요구에 신속히 대응할 것이다.							
15. 나는 고객에게 개별적인 관심을 기울이려고 노력한다.							
16. 나는 고객의 필요와 욕구를 파악하려고 노력한다.							
17. 나는 고객의 이익을 진심으로 생각한다.							
18. 나는 고객의 구체적인 요구사항에 대하여 관심을 가지려고 노력한다.							

◆ 다음은 귀하의 신상에 관한 질문입니다. 해당 사항에 표시하여 (√ 혹은 ○)주십시오.

1. 귀하의 연령은?

① 19~20세   ② 21~25세   ③ 26~30세

④ 31~40세   ⑤ 기타

2. 귀하의 성별은?

① 여자   ② 남자

3. 귀하의 근무연수는?

① 6개월 미만   ② 6개월 이상~1년 미만

③ 1년 이상~2년 미만   ④ 2년 이상~3년 미만

⑤ 3년 이상~5년 미만   ⑥ 5년 이상

☺ 설문에 응답해 주셔서 대단히 감사합니다. ☺

· 저자 ·

조성암 ·학 력·
순천향대학교 법정대학 행정학 학사(정책학 전공)
한양대학교 대학원 경영학 석사(마케팅 전공)

·주요경력·
전)밀워드브라운 미디어리서치 연구원
　Honda KCC Motors CS 과장
　중소기업정보화진흥원 객원연구원

현)Enk교육컨설팅 우편원격훈련 평가위원
　현대경제연구원 인터넷 통신훈련 평가강사
　이빛커뮤니케이션 우편원격훈련 평가위원
　캠퍼스21 인터넷 통신훈련 평가강사
　Data-pro 객원연구원
　리서치 및 학술통계관련 프리랜서 활동 中

서비스 종업원의 직무만족이 종업원의 고객지향성에 미치는 영향에 관한 연구

· 초판 인쇄 | 2008년 4월 28일
· 초판 발행 | 2008년 4월 28일

· 지 은 이 | 조성암
· 펴 낸 이 | 채종준
· 펴 낸 곳 | 한국학술정보㈜
경기도 파주시 교하읍 문발리 513-5
파주출판문화정보산업단지
전화　031) 908-3181(대표)·팩스　031) 908-3189
홈페이지　http://www.kstudy.com
e-mail(출판사업부)　publish@kstudy.com
· 등 록 | 제일산-115호(2000. 6. 19)
· 가 격 | 17,000원

ISBN　978-89-534-　　　　(Paper Book)
　　　　978-89-534-9087-1 98320 (e-Book)